ゼロからわかる！

自治体
契約事務
のきほん

樋口満雄

［著］

学陽書房

はじめに

　本書は、自治体の契約事務をわかりやすく解説した入門書です。自治体契約制度の運用には、専門的な用語も使われますので、巻末に自治体契約関係用語集を掲載しました。

　どのような部署、職層でも、自治体職員になった以上は欠かせない知識があります。それは、予算制度であり契約事務です。その理由は、職員の配属先には必ず予算が存在し、自治体は予算を執行することで、行政サービスを提供しているからです。この最初の手続きが契約事務になります。

　しかしながら、実際には、契約事務の知識を初歩から学ぶ機会がないまま、いきなり実務を担当しなければならないこともあります。また、契約事務の中には、かなり難解な制度があることも事実です。特に、契約関係の条例・規則や契約関係書籍は、難解な言葉が多く、わかりにくい一面があります。これが原因で、契約事務に対して苦手意識を持っているという方も多いのではないでしょうか。

　ただ、**いくら契約制度が複雑だと言っても、段階を追って学んでいけば決して難しくはありません。誰でも必ず、適切で効率的な契約事務の運用ができるようになります。**本書はそのための入門書です。

　本書では、契約事務に関しての知識がゼロからでも読めるよう、**なるべく専門用語を使わずに解説**しています。また、1テーマを1見開きで解説していますから、日々の業務でわからない部分を検索しながら学習することができます。本書を契約事務について学ぶ最初の一冊として活用していただければと思います。

　契約制度の知識は自治体職員の基礎体力といっても良いでしょう。若いうちに契約制度をマスターすることで、自分自身の活躍の道を開くことになります。

　さらに、契約制度の知識を身につけることは、担当者が自分自身の身を

守ることにもつながります。契約事務において、知識不足が原因で重大なミスを発生させてしまうと、自治体の信用を大きく失墜させることになります。公共施設などの整備が遅延すれば、住民生活にも悪影響が及びます。職員一個人としても責任を追及されることになります。

　自治体の行政サービスは、福祉から教育、環境、防災、都市計画などまで幅広く提供されています。また、老朽化した公共施設の修繕や小中学校の建替えなど大きな公共事業も自治体の役割です。

　これらの業務に契約制度の知識は欠かせません。そして、契約手続きは透明性を重視し、決して、担当者の恣意的な運用があってはなりません。制度を公平・公正に運用することが求められます。

　契約の際には、競争性のある制度によって、経費の一番かからない相手方を決定することになります。しかし、「安かろう悪かろう」では、結果的に税金の無駄遣いになることも考えられます。「良い相手方を適正な価格で選定すること」。自治体の契約事務の基本をわかりやすい言葉で表現すると、このようになります。

　本書は、自治体職員だけでなく、自治体の契約相手方となる事業者にも参考にしていただけることを期待しています。

　自治体と契約の相手方とは対等な関係です。したがって、お互いが契約制度の基本を理解することで、契約事務がスムーズに行われることになります。これが満足度の高い行政サービスに結びつきます。

　本書が自治体職員の成長とともに、適切な行政サービスの提供に役立つよう願っています。

令和5年7月

樋口満雄

CONTENTS

はじめに　3

第1章

自治体職員としての基礎力！

最初におさえたい
契約と財政の基本

1 契約事務はどうして必要なの？　14

2 契約制度は「財務会計制度」とセットでおさえる　16

3 すべては予算を確保するところから始まる　18

4 予算制度の基本、「六つの原則、七つの議決」　20

● Column 1 成功事例 マイナスの予定価格にびっくり！　22

第2章

正しい知識があなたを守る！

契約事務のミスと
不正に注意しよう

1 契約事務のこんなミスに注意！　24

2 官製談合事件について知ろう　26

3 不正やミスから自分の身を守るために　28

● Column 2 [成功事例] 小学校跡地の売却で「一石四鳥」の成果！　30

知っておきたい大前提！
契約の超基本ルール

1 そもそも契約って何だろう　32

2 民法の基本ルール　契約自由の「四つの原則」　34

3 自治体契約固有のルールをおさえよう　36

4 自治体の契約に参加できる相手方は限られている　38

5 自治体契約には契約書の作成が必要　40

● Column 3 [成功事例] 窓口業務の民間委託による行政サービスの効率化　42

まずはこれだけでOK！
自治体契約の制度と特徴

1 一般競争入札が原則　44

2 指名競争入札では事業者の質が担保される　46

3 随意契約には明確な理由が必要　48

4 せり売りは動産の売払時の「特例」　50

5 長期継続契約は年度をまたいでよい「例外」　52

● Column 4 [成功事例] 移転した保育園の土地・建物を賃貸借で活用　54

第 **5** 章

業務の全体像をつかむ！
契約事務の流れ

1 消耗品や備品を購入するには　56

2 業務を外部委託するには　58

3 物品等をリースするには　60

4 公共工事を発注するには　62

5 土地を取得するには　64

6 不用になった土地を売却するには　66

● Column 5 [トラブル事例] 事務用品の購入を装った公金詐欺事件　68

第 **6** 章

職場で出てくる用語がよくわかる！
契約事務のポイント

1 契約の上限額となる予定価格を設定する　70

2 印紙の貼付が必要かどうかの基準は？　72

3 公共工事標準請負契約約款でトラブルを防ぐ　74

4 議決が必要な契約に注意しよう　76

5 契約不履行の危機に備える入札・契約保証金制度　78

6 かかった数量に応じて支払ができる単価契約　80

7 リース契約の性格は金融取引に近いって本当？　82

8 見積合わせ＝「小規模随意契約」のこと　84

9 最低制限価格の設定は高すぎも低すぎもNG　86

10 安いのには訳がある!?　低入札価格調査制度　88

11 くじ引きで落札者を決定する　90

12 前払金制度の運用で工事が円滑に進む　92

13 公共工事に配置される監理技術者とは　94

14 契約の履行完了時には検査が必要　96

15 工事成績評定＝公共工事の「成績表」　98

● Column 6 トラブル事例 排水路工事の予定価格にミス、入札が中止　100

第 **7** 章　事務効率化&企業振興を叶える！
契約制度の徹底活用術

1 少額の物品購入などに限り契約書の省略が可能　102

2 DXの一環として注目！　電子入札と電子契約　104

3 ピカイチの提案を選ぶプロポーザル方式　106

4 地域経済の振興を図る総合評価方式　108

5 継続費・債務負担行為の複数年度契約を活用する　110

6 包括的管理委託制度で契約事務の大幅減が叶う　112

7 共同企業体(JV)は中小企業の参加拡大につながる　114

8 予定価格の適正化を図ることが重要　116

9 契約準備期間の活用で住民サービスの継続を　118

10 発注時期の平準化は事務効率化と企業支援につながる　120

11 公共工事契約では一括下請けはNG　122

12 CM方式とVE方式の活用で公共事業の質を高める　124

13 地域に合った契約制度を定める公契約(公共調達)条例　126

14 わかりやすい契約制度の情報発信が必要　128

● Column 7 トラブル事例 公共下水道工事、汚水量の積算ミスで影響は数億円　130

第 **8** 章　知って役立つ！

自治体契約の根拠法令等

1 契約制度の適正化について規定している入契法　132

2 公共工事の受注に必要な建設業の許可と経営事項審査　134

3 支払遅延防止法の期限内に検査・支払が必要　136

4 官製談合防止法違反には刑法の罰則が適用　138

5 その他知っておくべき法令　140

6 契約に関係する様々な条例　142

7 契約事務規則等には実務的なルールを規定　144

8 契約関係の要綱やガイドラインを知ることが大切　146

● Column 8　トラブル事例　学校建設の工事契約議案が議会で否決　148

おわりに　149

巻末資料　自治体契約関係用語集　151

凡　例

自治法	：地方自治法
自治令	：地方自治法施行令
自治規則	：地方自治法施行規則
官製談合防止法	：入札談合等関与行為の排除及び防止並びに職員による入札等の公正を害すべき行為の処罰に関する法律
独占禁止法	：私的独占の禁止及び公正取引の確保に関する法律
リサイクル法	：資源の有効な利用の促進に関する法律
入契法	：公共工事の入札及び契約の適正化の促進に関する法律
品確法	：公共工事の品質確保の促進に関する法律
支払遅延防止法	：政府契約の支払遅延防止等に関する法律
PFI法	：民間資金等の活用による公共施設等の整備等の促進に関する法律
暴対法	：暴力団員による不当な行為の防止等に関する法律
適正化指針	：公共工事の入札及び契約の適正化を図るための措置に関する指針

第 1 章

自治体職員としての基礎力！

最初におさえたい
契約と財政の基本

1 契約事務はどうして 必要なの?

➜ 行政サービスの提供には契約事務が必須!

　福祉、健康、医療、教育、環境、農林水産など多くの行政サービスは、基礎自治体である市区町村から提供されます。住民の身近なサービスの担い手が市区町村であり、この行政サービスの提供には、契約事務が欠かせません。その事務を担う職員の役割は極めて重要ということになります。

　また、都道府県は、広域自治体と呼ばれ、都市計画、子どもの虐待防止対策、住宅施策、広域防災など広範囲の行政サービスを担います。もちろん、ここでも契約事務は欠かせません。

➜ 契約事務の基本は良い契約相手を選ぶこと

　例えば、公共工事を発注する場面を考えてみましょう。好きな業者と勝手に契約することはできません。自治法の規定によって、原則として価格競争で契約の相手方を選ぶ必要があります。ごみ収集の委託や様々な備品・消耗品の購入においても、同様の原則が適用されます。

　ただし、決して「安かろう悪かろう」であってはなりません。契約によってもたらされるものが、行政サービスの受け手にとって満足度の高いものでなければなりません。この点から、**いかに良い事業者を適正価格で選ぶかを検討する必要がある**わけです。

　そのため、契約には様々な手法があります。目的や事業の内容に合わせて適切な手法を選択できるよう、これから一緒に見ていきましょう。

➜ 予算執行の具体的な流れを見てみよう

　いずれの行政サービスの提供においても、確保した予算の範囲で予算を執行することが必要になってきます。この予算執行の第一段階を**支出負担**

行為と言います。

　例えば、公共工事の入札から契約締結の一連の手続きは支出負担行為にあたります。児童手当を決定する一連の事務も支出負担行為にあたります。このように最終的に公金の支出につながる事務のことを、自治法では支出負担行為と規定しています。

　もう少し契約事務と支出負担行為の関係を具体的に見てみましょう。例えば、保育園で給食を提供するには、食材費や調味料などの物品を購入する契約手続きが必要です。また、地域のごみ収集については、収集事業者に委託業務を発注する契約手続きが必要になります。このように行政サービスの提供には、あらゆる場面で契約事務が必要になります。この契約事務の一連の手続きが支出負担行為です。

　契約が履行されれば、支払手続きを行います。この一連の手続きを「予算執行手続」と呼びます。

図表1-1　予算執行の流れ

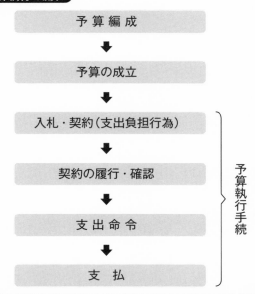

予算編成

↓

予算の成立

↓

入札・契約（支出負担行為）

↓

契約の履行・確認

↓

支出命令

↓

支払

予算執行手続

POINT　自治体が予算を使うには多くの場合、契約事務が必要

2 契約制度は「財務会計制度」とセットでおさえる

➡ 契約について知る前に、「財務」の全体像を見てみよう

　自治体の契約制度は、自治法第9章「財務」に基本ルールが規定されています。同じく「財務」に規定されている会計年度や予算などと、密接な関係があり、公金の支出には契約が伴います。財産の売却では、契約手続きで売却先を決定し、収入手続きを行います。

　自治法第9章は「財務の森」と言えます。具体的には、**会計年度、会計区分、予算、収入、支出、決算、契約、財産、現金及び有価証券、住民監査請求**などの規定によって、構成されている森です。このように、一つひとつの制度を樹木に例えるとイメージが湧くのではないでしょうか。

　財務の森の樹木に「契約の木」があります。契約の木は単独で成長するのではなく、ほかの樹木と共生しながら成長します。そして、豊かな財務

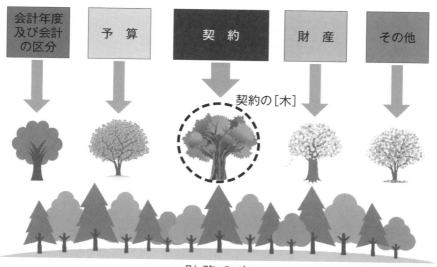

財 務 の 森

の森を育てます。

事務的ミスを防止し、健全な財務の森を育てる

　財務の森は健全でなければなりません。枝が枯れたり、葉っぱが虫食い状態になったりすれば、樹木は弱ります。森全体の元気もなくなります。

　もし官製談合事件が発生すれば、契約の木の太い枝がダメージを受けます。契約の事務的ミスが続けば、葉っぱが虫食い状態になるのと同じことになります。

　公金の横領なども収入・支出の木に大きなダメージを与えます。健全な財務の森を維持していくためには、一つひとつの樹木が健全に成長しなければなりません。不正事件を防止し事務的ミスを発生させないことが重要になってくるわけです。

　森には萌芽更新も必要です。それぞれの制度について、時代の変化に伴って見直しをしていくと考えればいいでしょう。

自治体職員は財務の森の管理人

　行政サービスの提供は、いわば財務の森の恵みです。健全な森を維持するためには、定期的な剪定、除草、施肥、害虫駆除を行う必要があります。水やりも必要です。これは季節の変化に伴う作業です。

　森の栄養枯渇や枯木だらけの森は、自治体の財政破綻を意味します。これは絶対に発生させてはなりません。

　自治体職員は、財務の森の管理人といえるでしょう。常に一つひとつの樹木を点検しながら、適切な維持管理を心がける必要があります。そのためにも、一つひとつの樹木の特徴を把握することが重要です。自治体職員として、財務会計の制度それぞれを理解することが必要ということになります。

POINT
　財務に強い職員になるには契約事務の知識が必須

3 すべては予算を確保する ところから始まる

→ 予算って何だろう

　自治体が行政サービスを提供するためには、まず**必要な経費を予算に計上する必要があります**。そのため自治体は、会計年度ごとに行政サービスの提供に必要な経費を積算し、予算に計上します。自治法に定められた会計年度は、毎年4月1日から翌年の3月31日までです。

　予算を理解するには、あまり難しく考えないことです。予算をコントロールすることを財政運営や自治体経営と呼びますが、個人の家計運営と同様に、「節約する」「貯金する」「無理な借金をしない」ことが重要になってきます。

　加えて、**自治体の1年間の行政サービスに必要な予算は、1年間の自治体の収入で賄うことが基本**になります。家計に例えると、「1か月の家計費は1か月の給料で賄う」ということになります。

　もちろん、自治体の収入は、住民の税負担によりますから、その使い方には透明性が求められると同時に、複雑な面もあることは当然です。

　したがって、自治法や地方財政法に一定のルールが規定されています。自治体は、これらの法律に基づいて行政サービスを提供しなければなりません。

→ 予算編成時から契約事務がスタート

　自治体は毎年度、予算編成作業を行います。この作業は前年度の秋から本格化し、年明けの1月頃には予算案が確定します。

　この予算編成時には、各担当部署から予算要求がなされますが、この時点から実際の契約事務を意識しながら、物品や委託費の積算を行う必要があります。予算要求時から契約事務を意識することが大事です。

➡ 予算の執行手続きが契約事務

　自治法の規定では、予算の調製（編成）は自治体の長の権限とされています。しかし、予算は編成しただけでは、執行ができず、必ず議会の議決を得なければなりません。議会の議決が得られれば、長に予算執行権限が与えられ、同時に予算の執行責任が生ずることになります。

➡ 条例・規則の制定前に予算の確保を

　新たな行政サービスを提供するために、条例や規則の制定が必要になることがあります。この場合は、最初に予算を確保する必要があります。予算が議会で議決されていないのに、行政サービスを提供する条例や規則を定めてはいけないことに注意が必要です。

図表1-2　行政サービスが提供されるまで

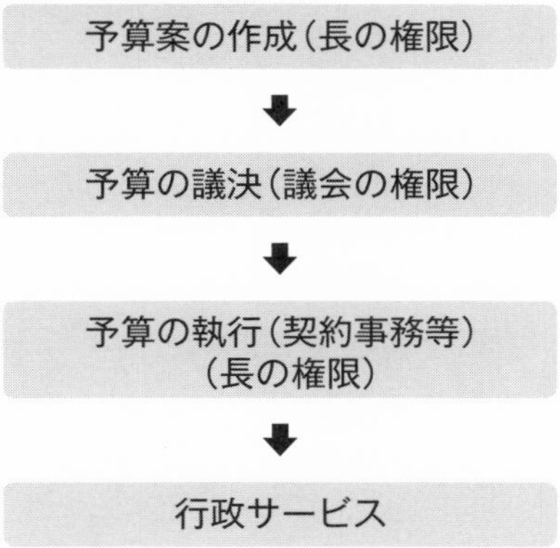

予算案の作成（長の権限）

⬇

予算の議決（議会の権限）

⬇

予算の執行（契約事務等）
（長の権限）

⬇

行政サービス

POINT　予算を確保できていないのに事業を行うのはNG

4 予算制度の基本、「六つの原則、七つの議決」

➡ 予算の大事なルール六つをおさえよう

① 総計予算主義

職員の人件費や行政サービスの提供に関わる収入及び支出は、必ず歳入歳出予算に計上しなければならないという原則です。

② 予算単一主義

予算は一般会計を原則としています。特別会計はこの原則の例外です。

図表1-3 一般会計と特別会計

一般会計	全自治体に設置される会計で、行政活動の経費と財源が計上される。
特別会計	特定の収入をもって特定の支出に充てるため、一般会計と区別して経理する必要がある場合に設けられる会計。 法律で設置が義務付けられているもの（例：国民健康保険や介護保険等の特別会計）と、条例を定めて設置するもの（例：下水道事業の特別会計）に分けられる。

③ 予算単年度主義（会計年度独立の原則）

一会計年度に必要な歳出予算は、当該年度の歳入で賄うという原則です。個人の家計費に例えれば、今月の家計費は、今月の給料で賄うという原則です。

④ 予算統一の原則

予算の様式や予算科目は統一するという原則です。

⑤ 予算の事前議決

毎年度の予算は、年度がスタートする4月1日までに議会の議決を得なければならないという原則です。

⑥ 予算公開の原則

予算を住民にわかりやすく公開し、説明するという原則です。

➜ 議決の必要な予算は七種類

① **歳入歳出予算**

　　予算科目は「款・項・目・節」で分類され計上されます。このうち、款と項が議決科目になります。

② **継続費**

　　公共工事など複数年度の契約が必要な場合に、事業名、年割額を定めた予算で、国庫補助金がある場合、契約上の年割額（出来高）を基に申請するので、予算管理がしやすくなります。

③ **繰越明許費**

　　異常気象や災害などによって、年度内に事業が終了しなかった場合、翌年度に限って予算を繰り越すことができます。

④ **債務負担行為**

　　ごみ収集委託業務など複数年度にわたって契約したい場合、限度額を定めたうえで予算に計上することができます。工事契約にも活用でき、工期の平準化を図ることができます。

⑤ **地方債**

　　道路や公園、学校建設など多額の予算が必要な場合、地方債の借入れが認められています。その事業の借入限度額などを予算として定めます。

⑥ **一時借入金**

　　一会計年度内に現金が一時的に不足する場合、金融機関から借入れをします。借入限度額などを予算として定めます。

⑦ **歳出予算の流用**

　　予算科目に計上した予算に不足が生じた場合、範囲を定めたうえで、予算を流用することができます。

POINT 　予算は「六つの原則・七つの議決」をおさえればOK

成功事例
マイナス予定価格の設定にびっくり！

　埼玉県深谷市は、平成30年12月、廃校となった小学校の体育館と敷地について、入札によりマイナス795万円で売却することになったと発表しました。対象物件は、深谷市中瀬の旧市立中瀬小学校の体育館と敷地約1,505m²。学校の統合で昭和59年に廃校になった物件です。体育館は平成22年末まで活用され、平成27年6月と平成29年7月の2回、1,782万1千円の予定価格で入札にかけられましたが、応札はありませんでした。

　市は売却条件として、体育館を落札者が解体することとし、解体費の負担を考慮して予定価格をマイナス1,340万6千円（市が支払う最高額）として入札を行いました。その結果、マイナス795万円で落札者に売却することが決定しました。

　市が支払う予定である1,340万6千円が795万円で済むことになりますから、落札率は、59.3％になったという見方ができます。このような方法で、自治体が資産を売却するのは全国で初めてのことです。

　契約制度上は、一般競争入札による普通財産の売却ということになりますが、体育館の解体という条件とともに、マイナスの予定価格の設定という珍しい「入札形態」ということができます。なお、自治法上の解釈では、土地及び建物も含めて、無償譲渡となりますから、自治法第96条第1項第6号の規定により、議会の議決が必要になることに注意が必要です。

　深谷市のこの事例は、予定価格をマイナスに設定したところに、自治体としての独自の発想が見て取れます。多くの自治体関係者があっと驚くような方法で、見事に市の財政の負担を軽減した成功例です。

第 2 章

正しい知識があなたを守る！

契約事務のミスと
不正に注意しよう

1 契約事務のこんなミスに注意！

➜ 全国の自治体現場で事務的ミスが多発！

全国の自治体で事務上のミスが多発しています。そのミスの内容を見ると、軽微なものから、かなり深刻なものまで広範囲にわたっています。行政サービスの提供に関わる部分でのミスは、自治体内部への影響に留まらず、住民からの信頼を損なうことになります。

影響の大きいミスには、住民の税金等に関わるミス、個人情報の取扱いに関わるミス、公金の収入・支出に関わるミス、選挙執行に関わるミスなどがありますが、特に対外的に大きな影響が発生するのが、契約事務に関わるミスです。

➜ 実際にはどんなミスが起こっているの?

契約事務の業務上のミスは多くの自治体で継続して発生しています。最近では、次のような事件があります。

・**事前公表の予定価格の設定を誤り**、落札業者の決定を取り消して入札を再度やり直した。
・設計に**積算ミス**があったため、落札業者との契約を解除し、多額の解除費用を負担した。
・**最低制限価格**（P.86：6章9参照）**の設定誤り**で、数百万円高い金額で契約してしまった。
・工事代金を期限までに業者に支払わずに放置していた。
・業者から預かっていた数百万円の契約保証金を紛失してしまった。

これらのミスは、その後の対応に時間を要するものもあり、業務効率が著しく低下するだけでなく、契約事務に関わる信頼性も損なわれます。

また、議会の議決を得ないで、高額な物品の購入や工事の発注などの契約を締結してしまった事件も起こっています。自治令で規定されているとおり、一定額以上の契約は議会の議決が必要です（P.76：6章4参照）。この手続きを怠たると、契約は無効になります。

　さらに、**住民訴訟などで責任を追及される可能性もあります**。例えば、佐賀県のある市では、議会の議決を得ないで防災情報発信システムを発注し、住民訴訟の地裁判決で、市長は4億円の返還を命じられるという事件がありました（控訴検討中）。

➲ 一職員による契約事務のミスで、住民にも大きな影響が！

　職員一人のミスが職員全体、さらには住民にまで波及することもあります。単なるミスでは片づけられない重大なミスの事例です。

　茨城県のある市では、下水道工事をめぐる市職員の事務処理ミスで約4億円の工事費用が生じるとして、全職員の給与から計約7,590万円をカットして、費用の2割弱を穴埋めすることを決定しました（P.130：コラム7参照）。

　特に契約事務は、直接的に行政サービスに関係するものが多く、いったんミスが発生すると、工事等の遅延により住民への影響が避けられないことになります。例えば上記の下水道工事の例では、マンホールから汚水が溢れ出すなどといった支障が出ていますが、対策が完了するまでに長期間かかるとされています。

　多くの業務をこなす中で、職員のミスが全く生じないとは言えません。しかし、対外的な信用に関わるミスや自治体に損害が生ずるようなミスについては、職員個人の責任が問われることもあります。

　このような場合、**懲戒処分という形で責任を問われます**。さらに、職員個人の賠償責任を求められるケースも実際に発生しています。

POINT　契約事務のミスは住民生活に大きなダメージを与える

2 官製談合事件について知ろう

➡ 官製談合事件は他人事ではない！

　談合行為は、独占禁止法に違反する犯罪で、事業者間で発生します。この談合行為に行政組織や職員が関係し、特定の事業者に有利に働く情報を提供する行為を官製談合と呼びます。官製談合事件とは、行政の秘密事項である入札時の予定価格や最低制限価格、設計時の積算単価などを特定の事業者に漏えいするもので、公平な競争による入札を妨害する犯罪です。官製談合事件は、自治体経営に大きな影響を与えるとともに、住民との信頼関係を大きく損なうことになります。事件は、この10年間で平均すると月に1〜2件発生しています。多くは自治体内部の職員によるものですが、市長、町長、村長や議員が逮捕される事件も発生しています。

➡ 官製談合事件に関わるとどうなるの？

　官製談合事件に関わると、複数の罪に問われることはほぼ確実です。自治体職員としてのキャリアを失ってしまうことはもちろん、前科がついてまわることになります。通常は官製談合防止法違反で逮捕されるケースが多く、まれに、地方公務員法の守秘義務違反で逮捕されるケースもあります。

　犯罪が確定すると刑法の規定による「公契約関係競売妨害罪」が適用されます。また、多くの事件は、事業者から金品等を受領している場合があり、これには、収賄罪や加重収賄罪が適用されます。

　さらに当該職員は地方公務員法違反によって懲戒処分を受けます。官製談合事件は、ほぼ懲戒免職処分となります。

➡ こんな事務処理が官製談合防止法違反に！

　自治体の一担当者といえども、官製談合事件は他人事ではありません。公平な競争による入札の定義を広く学ぶことが大事です。

　若い職員が罪に問われた事件で、実務的な知識があれば防げたのではないかと思われる事例を紹介します。

　大阪府のある市で電気設備工事に関する大きな官製談合事件が発生し、複数の職員が逮捕されました。多額の金品や高級車を受け取った事件で、組織的な事件の色彩があると報道されました。

　捜査では、役所内のパソコンや関係書類が押収され、ある若い職員が使用していたパソコンに製品単価の問い合わせメールの記録がありました。問い合わせに対し、メーカーは、実勢価格を回答しました。

　ここまでであれば、何の問題も生じなかったのに、職員はメールの返信で「今回の単価を積算に使用させていただきます。」と回答しました。このメールが官製談合防止法違反とみなされたのです（P.138：8章4参照）。

　この職員は逮捕されませんでしたが、懲戒処分（減給）を受けています。職員は、法令違反をした認識は全くなかったのですが、結果的には、何気ない日常業務が法令違反とされたわけです。

POINT　官製談合事件は根絶しなければならない

3 不正やミスから自分の身を守るために

➔ 豊富な知識は自分を守り成長させる

契約事務の業務上のミスや官製談合などの不正に巻き込まれないようにするには、どうすればよいのでしょうか。

まずは、自治体職員としての基礎体力をしっかり身に付けることが重要です。**その基礎体力として財務会計制度全体の知識は不可欠です**。特に契約事務関係の知識を身に付けることが重要です。なぜなら、どの部署でも予算があるからです。予算執行によって行政サービスが提供され、その実務が契約事務だからです。

そして、事務的ミスを発生させないことが重要です。正確な事務を行うことで、周囲からの信頼を得られ、幅広い業務への挑戦の機会が広がります。結果的には自分自身の成長につながることになります。

➔ 職員として必ず確認して欲しい資料

職員が地方公務員法に違反をすると懲戒処分を受けます。この基準を定めた**懲戒処分基準**は各自治体に必ずありますので、この基準を一度確認して欲しいと思います。

不正事件を引き起こしたり、職務を怠けたり、重大なミスを発生させると、この懲戒処分基準によって処分されます。どのような事件が処分の対象になるかを確認してください。そして自分自身が処分の対象にならないよう、日常業務に取り組みましょう。

➔ 契約事務で心掛けて欲しい七つのこと

① **まずは、不正に関わらないことを肝に銘じましょう**
契約における不正事件の多くは、秘密事項である予定価格、最低制限

価格の漏えいです。中でも、便宜を図る見返りに金品を受け取る事例が多く発生しています。この種の事件に関わったら、せっかく努力して得られた自治体職員の身分を失い、一生涯後悔することになります。

② そのために、契約事務の基本を身に付けましょう

契約事務の手続きでは、透明性を基本にして、公正で公平な制度の運用を図る必要があります。決して特定の業者を優遇してはなりません。

③ 契約事務の実務を身に付けましょう

契約実務は、自治法及び自治令に規定されているだけではなく、各自治体で運用されている制度があります。自治体の契約事務規則や各制度の実施要綱などを学ぶことが大事です。機会があったら契約事務研修も受講しましょう。

④ 困ったときは相談を、結果は上司に報告しましょう

契約制度の実務で困ったときは、周りの職員や上司に相談しましょう。決して、自分だけの思い込みで判断しないことが大切です。そして、事務処理の結果については、上司に報告しましょう。

⑤ 事業者との接点を持たないようにしましょう

事業者との接点を少なくし、必要な協議や交渉、依頼などは一人ではなく複数の職員で対応するように心がけましょう。

⑥ 特に契約事務に関わる守秘義務を意識しましょう

先輩職員や議員などから仕事上の要請があった場合は、守秘義務を意識し、個人で判断することなく、上司の判断を仰ぎましょう。

⑦ 過去の事例に学びましょう

過去の事件や事務的ミスの事例はたくさんあります。コンプライアンス研修も機会があったら受講しましょう。ヒヤリハット集を他の職員と共有することも事務的ミスの防止対策には有効です。

POINT 🖐 困ったときは相談して、一人で抱えないことが大事

成功事例

小学校跡地の売却で「一石四鳥」の成果！

　東京都国分寺市は、平成19年、旧第四小学校の跡地を32億6千万円で売却しました。その後、この土地には、老人保健施設（90床）、分譲マンション（100戸）が建設され、マンションの1階部分には、小児科、歯科、薬局、高齢者通所施設が整備されました。

　もともと校門部分にしか公道が接道していなかった土地でしたが、地区整備計画によって、クランク道路を整備することを条件にするなど、売却にあたっては、土地活用の幅を広げる計画を策定しました。

　土地売却の公募は、最低売却価格を27億円と設定し、土地価格と土地利用計画の総合点数で、一番点数の高い事業者に土地を売却する方式としました。契約方法は、プロポーザル方式（P.106：7章3参照）で、総合評価方式（P.108：7章4参照）を組み合わせたものです。事業者決定の審査にあたっては、6人の外部委員を選任し、委員名は決定まで非公開にすることとし、公平な審査に配慮しました。

　価格の設定にあたっては、附属機関である財産価格審議会の意見を踏まえ、27億円を最低売却価格としました。ただし、提案金額4千万円ごとに1点加点することとしたところ、最高提案額は32億6千万円となりました。また、土地利用計画の提案は、マンション建設とともに、国分寺市に整備が不足している老人保健施設などの提案が、審査委員会で高く評価されました。

　老人保健施設とマンションの中間にある史跡公園を市が整備し、市民利用に供しています。この土地売却事業によって、32億6千万円の歳入を確保するとともに、民間資金によって、介護保険施設などを整備することができました。マンション建設による固定資産税も期待できます。契約制度の活用で、結果的には「一石四鳥」とも言える施設整備ができたことになります。

第 3 章

知っておきたい大前提！

契約の
超基本ルール

1 そもそも契約って何だろう

→ 契約の特徴① 法的拘束力を持つ

　契約って何ですか？　と問われたとき、どのように説明したらよいでしょうか。契約の定義については、大辞林や法律関連用語集などで複数の解説がされていますが、共通する定義を要約すると、契約とは**複数の当事者間において締結される法的拘束力を持つ合意**と表現することができます。

　特に、法的な拘束力を持つことに注意してください。

　友人との約束と比較するとわかりやすいでしょう。

	合意性	法的拘束力	義　務　違　反
約束	「申込み」と「承諾」によって成立	無	道義的責任・法的ペナルティは無い。
契約		有	法的な強制力行使・損害賠償の対象になる。

　合意性は共通しますが、法的拘束力と義務違反の有無に違いがあることがわかります。

→ 契約の特徴② 当事者の合意が必要

　自治体の業務の中には、**行政処分**と言われる事務があります。例えば税金を滞納した納税者に対して差押えを行うような場合です。また、介護保険制度の要介護認定申請の決定を行う場合もこれにあたります。

　契約と行政処分の違いを見てみましょう。

　行政処分は当事者の申請に基づくものもありますが、多くは行政の一方的な判断で実施されます。契約は当事者の合意が必要ですから、この点に違いがあります。法的拘束力と義務違反があるところは同じです。

	合意性	法的拘束力	義 務 違 反
行政処分	一方的な判断	有	法的な強制力・罰則もある。
契約	**双方の合意**	有	法的な強制力行使・損害賠償の対象になる。

➜ 民法における契約とは？

　法律上の契約のうち、型が定められているものを典型契約と呼びます。民法では、贈与、売買、交換、消費貸借、使用貸借、賃貸借、雇用、請負、委任、寄託、組合、終身定期金、和解の合計13種の契約を規定しています。

　民法には大事な考え方が規定されています。まず一つが「契約の締結及び内容の自由」です。この規定の特徴は、契約にあたっては、契約を締結するかどうか、その内容と契約の相手方をどうするかは、自由に決定できるということです。もう一つが「契約成立と方式」についての規定です。契約の形式については、契約書の作成は必ずしも必要ではなく、口頭での契約も可能となっています。自治体契約も、民法が基本になっていることに留意しましょう。

■民法
　（契約の締結及び内容の自由）
第521条　何人も、法令に特別の定めがある場合を除き、契約をするかどうかを自由に決定することができる。
2　契約の当事者は、法令の制限内において、契約の内容を自由に決定することができる。
　（契約の成立と方式）
第522条　契約は、契約の内容を示してその締結を申し入れる意思表示（以下「申込み」という。）に対して相手方が承諾をしたときに成立する。
2　契約の成立には、法令に特別の定めがある場合を除き、書面の作成その他の方式を具備する事を要しない。

POINT　自治体の契約のベースには民法のルールがある

2 民法の基本ルール 契約自由の「四つの原則」

➜ 民法の私的自治の原則とは？

　私法の基本法である民法には、一般に三つの基本原則があります。①権利能力平等の原則、②私的自治の原則、③所有権絶対の原則です。

　このうち、「私的自治の原則」が契約に関係します。この原則は、私的な法律関係（権利の取得や義務の負担）は、個人の自由意思に基づいてのみ決定できるという原則です。つまり、個人は他者からの干渉を受けることなく、自らの意思に基づき自らの生活関係を形成することができ、国家はこうして形成された生活関係を尊重し、保護しなければならないということです。

　この原則の内容として特に重要なものに**契約自由の原則**というものがあります。これは、**公の秩序**などに反しない限り、**個人はいかなる契約も締結できる**という原則です。

➜ 契約自由の四原則とは？

　契約自由の原則には、次の四つの原則があります。皆さんの日常生活における契約を考えて頂ければ理解できると思います。

①締結自由の原則	契約自体を締結するかどうかを自由に決定できる
②相手方自由の原則	契約の相手方は自由に決定できる
③内容自由の原則	契約の内容は自由に決定できる
④方式自由の原則	口頭か契約書によるかなど、契約方式は自由に決定できる

　例えば、個人が冷蔵庫を購入する場合、まずは冷蔵庫の性能を検討します。もちろん、同時に価格も検討します。ここで、内容自由の原則が重要

になってくるわけです。自治体契約では、物品や委託の仕様書を決めることになります。契約の内容が決まれば、次に契約の相手方を決定し契約書の作成などの手続きを行うことになります。

➡ 契約自由が原則といっても制約がある

契約は自由に締結できると言っても、他人に危害を与えるような契約は犯罪ですから、できません。それ以外に次の制約があります。

① 契約締結自由の制約

電気やガスの契約、水道や下水道の契約の場合、サービスの提供者は、原則として契約締結を拒否できないことになっています。病院の診療なども該当します。ただし、正当な理由があるときは、例外的に契約を拒否できることになっています。例えば病院の診療で感染症対応ができないなどの理由が該当します。

② 契約内容自由の制約

利用条件や料金設定は、契約の相手方ごとに違ってはいけません。電気やガスの契約、水道や下水道の契約は、それぞれの提供者が定めた条件によることになります。自治体が徴収する水道料金や下水道料金は条例で規定されています。

③ 契約方式自由の制約

民法の規定では、書面での契約が義務付けられているわけではありません。口頭の契約も有効です。しかし、個別の法律の規定では、書面でなければ効力の生じない契約もあります。例えば、借地借家法の規定によって、定期借地権の設定契約は公正証書等の書面の作成が必要になっています。

POINT

個人は一部の例外を除きいかなる契約も締結できる

3 自治体契約固有の ルールをおさえよう

➡ 自治体固有の制約とは？

　自治体で契約を行う場合、一般的な制約とともに、自治体固有の制約があります。なぜかというと、自治体の活動資金は住民の税金で賄われているからです。税金を予算に計上して行政サービスを提供しているわけですから、この手続きは、納税者に説明できるものでなければなりません。

　自治体契約は、手続きの透明性が求められ、公平性・公正性を基本とした制度の運用が必要になってきます。このため、自治法に定められた制約を受けることになります。

　自治法の規定には、「契約相手方選択自由の制約」と「契約方式自由の制約」があります。

① **契約相手方選択自由の制約**

　　自治体契約は、公平性の観点から、契約の相手方を自由に選ぶことはできないことになっています。予算執行の権限のある担当者の判断で、契約の相手方を勝手に選んではなりません。競争性を持った選定が基本となっているわけです。

　　実務的には、自治体に有利な価格を提示した相手方と契約することが基本となります。物品の購入や公共工事は、一番価格の低い事業者と契約します。物品の売払いや土地の売却では、一番価格の高い相手方と契約します。これは、個人の契約にも共通する考え方です。

　　競争の方法は、一般競争入札を原則として、指名競争入札、随意契約、せり売りができることとなっています（P.44：第4章1）。

② **契約方式自由の制約**

　　自治体契約では、契約の方法にいくつかの制約があります。まずは、**契約書の作成が必要**という制約です。次に**一般競争入札を原則とすると**

いう制約があります。

　民法の規定では契約書の作成は義務付けられていませんが、自治体契約では、契約書に双方が記名押印することで契約が成立します。合意内容が不明確なために発生するトラブルを防止するため、合意内容を明文化しておく必要があるからです。

➡ 予算の範囲内で契約しなければならない

　自治体契約において、物品の売払いや土地売却などの収入は、予算額をオーバーしてもかまいません。一方、物品の購入、業務委託契約、工事契約などは、歳出予算の範囲内で契約することが必要です。なお、自治体には会計年度のルールがありますから、毎年度、4月1日から翌年3月31日までを契約期間の基本にする必要があります。

　しかし、実際には年度内に完了する契約だけではありません。例えば、庁舎や学校の建替え事業は、事業完了までに数年かかる場合があります。そのため、自治体の予算制度では、継続費、債務負担行為、繰越明許費の制度が規定されています。これを複数年度予算と呼んでいます。

➡ 契約内容を守ってくれる相手を選ぶことが重要！

　民法では、**信義誠実の原則（信義則）** という理念を大事にしています。これは、契約は当事者が誠意をもって契約内容を守らなければならないという原則です。特に自治体契約は住民サービスに直接影響しますから、誠意をもって契約内容を守る事業者の選定が重要になります。

　また、民法では**契約不適合責任**を規定しています。仮に、契約内容を守らない場合は、契約の解除、損害賠償等の責任が生ずるという規定です。自治体契約においては、このような事件が発生しないよう、契約内容を明確化するとともに、契約相手方の選定に留意する必要があります。

 POINT　自治体は契約の相手方を勝手に決めてはいけない

4 自治体の契約に参加できる 相手方は限られている

➔ 自治体契約には参加資格の確認が重要！

　自治体契約では、参加資格の要件が定められています。どんな業者でも自由に入札に参加できるわけではありません。これは、自治体契約で大事な「契約内容を守ってくれる安心できる相手方を選ぶ」ことから来ています。参加資格を確認しないと、不適格事業者が入札に参加し、価格競争だけで落札してしまう可能性があります。このような不適格事業者を入札に参加させないためのルールだと考えてください。

　自治令では、自治体との契約ができない要件を三つ定めています。これを法令では**欠格条項**と言います。参加資格の要件を満たしていないという意味です。

①　当該入札に係る契約を締結する能力を有しない者
②　破産手続開始の決定を受けて復権を得ない者
③　暴力団員による不当な行為の防止等に関する法律第32条第1項各号に掲げる者

　　(1)指定暴力団員、(2)指定暴力団員と生計を一にする配偶者、(3)法人その他の団体であって、指定暴力団員がその役員となっているもの、(4)指定暴力団員が出資、融資、取引その他の関係を通じてその事業活動に支配的な影響力を有する者

　以上の条件に該当した場合、自治体は当該事業者と契約を締結してはなりません。

　これは民間契約や個人の契約も同様です。

　さらに、各自治体の判断によって、三年以内の期間を定めて、事業者の

入札参加を制限する制度があります。これは参加資格を一定期間停止するもので、契約上の不正行為、談合行為、契約の妨害行為、契約違反などの事実行為があった場合に適用されます。

　指名競争入札の場合は、これを**指名停止期間**と呼び、各自治体では**指名停止措置基準**を定めて運用しています。この制度も不適格事業者との契約を排除するための制度です。

➜ 公共工事の契約には特別の参加資格が必要

　物品購入契約や委託業務契約の参加資格と異なり、公共工事契約には、特別の参加資格が必要になっています。

　自治体の公共工事は、道路や公園、水道、下水道、庁舎の建設など広範囲にわたりますが、契約金額も大きく、工期も長く設定されます。また、住民利用の施設ですから、安全性を重視した高い技術力が必要になってきます。そのため、自治体の公共工事の参加事業者は、**建設業法の規定に基づく建設業の許可**が必要となります。これが、自治体の公共事業に入札参加できる条件となっているわけです。

➜ 自治体は参加資格の審査業務を行う

　自治体契約は、その契約内容を確実に守り、質の良いサービスを提供してくれる事業者を選ぶことが重要です。したがって、各事業者には、自治体との契約を希望する場合は、自治体の定めた書類の提出を求め、自治体が書類を審査して、事業者名簿に登録する制度を運用しています。この手続きを、多くの自治体では2年ごとに行っています。

　提出書類には、建設業許可書、納税証明書、会社登記簿、役員名簿などがあります。これらの書類を厳格に審査することによって、安心して契約できる事業者を確認することができるわけです。

POINT 👆 自治体契約の入札には、参加するための資格が必要

5 自治体契約には契約書の作成が必要

→ 契約書を交わすことで後のトラブルが防げる

　自治体が契約を締結する場合は、自治法の規定によって契約書の作成が必要になっています。自治法には**契約書は自治体の長又はその委任を受けた者が契約の相手方とともに、契約書に記名押印しなければ当該契約は確定しない**と規定されています。

　民法の規定では、必ずしも契約書の作成は必要ありませんが、自治体の契約は、契約書の作成が必要であることに注意しましょう。

　契約書には記名押印が必要と規定されていますから、押印が契約成立の条件となっています。一般に押印廃止の動きが広まっていますが、自治体契約は、自治法の規定によって押印が必要なことにも注意しましょう。

　では、民法が契約書の作成を義務付けていないのに、なぜ自治体の場合は、契約書の作成が必要となっているのでしょうか。契約書の作成が必要な理由は、大きくは四つあります。

① **合意内容の明確化**……口頭でのやり取りでは、約束の内容が明確でなく、後々「言った・言わない」のトラブルにつながる恐れがあります。

② **将来の紛争の予防**……合意内容が不明確なために発生するトラブルを防止するため、合意内容を明文化しておく必要があります。

③ **裁判における証拠**……トラブルの解決を裁判にゆだねる場合、その証拠となるのが、合意内容を明文化した契約書になります。

④ **他者による検証が可能**……当事者間の合意の内容が他者に及ぶ場合もあり、合意内容を明文化しておくことで、他者による検証が可能となります。

　いずれの理由にも共通しているのは、契約後のトラブル防止のためだということがわかると思います。

契約書の作成は、皆さんの生活の中でも重要です。日常的な食料品や衣服、学用品などの購入には、その都度契約書を締結することはありません。口頭で売買契約を締結していることになります。しかし、日常生活の中でも重要な契約では、書面の契約を締結することがあります。例えば、土地の購入や自宅の新築契約は、必ず契約書を取り交わします。生命保険や火災保険の契約では、事業者の定めた契約約款を基に契約を締結します。

　このように皆さんの私生活での契約においても、将来のトラブルを回避するために、契約内容を定めた契約書を作成しているわけです。この点は、自治体契約にも共通している考え方です。

➜ 契約書にはどんな種類があるのか？

　自治体契約の種類を大きく分類すると、①建設工事、②建設工事に係る委託業務、③物品等購入、④印刷製本、⑤物品等賃貸借、⑥業務委託になります。

　それぞれの分類をさらに細分化し、契約書の様式を定めている自治体もあります。例えば、建設工事の場合、1,000万円未満の工事と1,000万円以上で別書式を定めるケース、本契約と仮契約を別様式で定める事例もあります。また、共通の契約様式として、暴力団排除に関する特約書面やリサイクル法関係特約書面を定めている事例があります。

　このように、使用する契約書を定めておくことで、契約事務を効率的に進めることができるわけです。

➜ 自治体に近年広がっている電子契約

　自治体契約は、紙での契約のほか電子契約も可能となっています。電子契約は、皆さんの日常生活にも定着している契約方法です。電子契約については、電子入札とともに、7章2（P.104）で説明します。

POINT 自治体の契約では契約者への記名押印が必須

成功事例

窓口業務の民間委託による
行政サービスの効率化

　従来、住民票の発行や異動届、印鑑証明手続、戸籍関係手続などの窓口業務は、外部委託ができない非委託領域とされてきました。

　ここに挑戦したのが東京都足立区でした。平成24年7月、足立区は、日本公共サービス研究会を立ち上げ、他の自治体と連携し行政サービスの民間委託を積極的に進める取組みを開始しました。従来の枠を超えた「専門定型業務」の外部委託化を開始したわけです。

　日本公共サービス研究会の設立趣旨は以下の通りです。

　「地方自治体では、単純定型業務や技能系業務のアウトソーシングを中心とする従来型の行財政改革の取組に限界が見え始めている。改革の新たな方向性を見出すとともに、地域住民の将来のために持続性と実効性ある取組を進めていくことが、大きな課題となっている。平成24年7月に発足した「日本公共サービス研究会」では、一定の専門性を必要とするものの、定型処理を繰り返す「専門定型業務」の外部委託を中心に、新たな行財政改革の手法を構築するとともに、若年者雇用や教育・資格制度の創設を図るなど、自治体同士が協力して、様々な政策課題を包括的に解決していくことをめざしていく。」

　この方針を基に、現在、足立区は、戸籍住民課窓口等業務、国民健康保険業務、介護保険業務、会計管理業務、足立保健所窓口等運営業務（東部を除く4センターの窓口）の窓口委託を実施しています。

　窓口業務委託の取組みは、全国に広がっています。総務省の窓口業務の民間委託の実施状況（令和4年4月1日時点）調査によれば、全市区町村514団体（1,741団体の29.5％）が実施しています。

　これらの取組みは、時代の変化に合わせ、自治体の工夫によって業務委託契約が多様化してきた事例ではないかと考えられます。

第 4 章

まずはこれだけでOK！

自治体契約の
制度と特徴

1 一般競争入札が原則

➜ 自治法に規定される四つの契約方法とは？

　自治体契約の基本ルールは、自治法第234条に規定されています。この規定によって、**一般競争入札**、**指名競争入札**、**随意契約**、**せり売り**の四つの契約方法が認められています。このうち、せり売りは動産の売払いの場合に運用されます。

　行政サービスを提供するための契約は、物品の購入契約、業務委託契約、公共工事の請負契約になりますが、いずれもせり売り以外の三つの契約方法を基本に運用されるということになります。

　また、使用しなくなった公共用地の売却手続きにおいても、契約制度を活用します。この場合は、特別な理由があれば、随意契約になりますが、多くは一般競争入札の手続きによって売却先を決定することになります。

図表 4 - 1　四つの基本的な入札方法の特徴

契約方法	原則 or 例外	活用される場面
一般競争入札	原則	物品の購入契約、業務委託契約、公共工事の請負契約、公共用地の売却手続きなど
指名競争入札	例外	
随意契約		
せり売り		物品の売払いなど

➜ 一般競争入札が原則であることに留意しよう

　自治法第234条第2項の規定では、指名競争入札、随意契約、せり売りは政令に定める場合に限り実施できることになっています。この三つの契約方法は、自治令に定める条件が付され、運用が限定されています。

　つまり自治体の契約は、**一般競争入札が原則であり、指名競争入札、随**

意契約、せり売りは例外であることになります。この原則をしっかりとおさえておいてください。

　では、なぜ一般競争入札が原則になっているのでしょうか。自治体契約は基本的に価格競争によって落札者を決定します。これは、住民負担である税金を使うため、その経済性を追求したものと考えられます。一般競争入札であれば、多くの事業者が入札に参加することができ、その結果として競争性が高まります。

　個人の契約では、一般競争入札のような形態を常時とることは難しいと考えられますが、価格比較による経済性を重視する点は共通しています。

　一般競争入札のメリットとしては、機会均等の原則に則り、透明性、競争性、公正性、経済性を最も確保することができることがあげられます。しかし、デメリットとしては、契約担当者の事務上の負担が大きく、時間と経費がかかることがあげられます。100者の入札があった場合などは、事務処理の負担が大きくなります。また、参加事業者が多いと、不良・不適格業者の混入する可能性が高くなるかもしれません。

　このように、一般競争入札にはメリットとデメリットがあります。どのような制度を用いても100％完璧ではなく、良い点もあれば、マイナス面もあることに注意しましょう。

➡ 制限付き一般競争入札を実施できる

　一般競争入札には、自治令の規定によって、参加制限を設けることができます（**制限付き一般競争入札**）。特に公共工事の場合は、工事の技術力が重要になるため、過去に同じ種類の工事実績があることを参加条件にする場合があります。また、地域活性化や地元事業者育成を目的として、事業者の本社の住所が当該自治体区域内であることなどの参加条件を設けることも考えられます。

POINT　自治体では競争性を大事にした一般競争入札が原則

2 指名競争入札では 事業者の質が担保される

➔ 指名競争入札のメリットとデメリットとは？

　自治体契約制度の例外として、指名競争入札を実施することができます。指名競争入札は、**自治体が事業者の資力、信用、実績等を確認し、適切と認める事業者を通知によって指名し、指名した事業者の入札によって競争させる方式**です。

　実績等の信用度をあらかじめ確認していることから、価格競争によって、どの事業者が落札しても安心できる契約方法と言えます。

　メリットとしては、一般競争入札に比べて**不良・不適格業者を排除できる**ことがあげられます。また、一般競争入札に比べて契約担当者の事務上の負担や経費の軽減を図ることができます。

　一方、デメリットとしては、**指名される者が固定化する傾向があります**。また、固定化することによって、事業者間で受注調整が行われる可能性があります。これは「談合」と言い法令違反となります（P.26：2章2参照）。

　なお、指名競争入札は必ず実施しなければならないものではありません。一般競争入札が原則ですから、この原則を重視して、全国およそ50の自治体は、指名競争入札を実施していません。これも各自治体の判断ということになります。

➔ 指名競争入札は指名基準を定める必要あり

　指名競争入札は、担当者の独自の判断で事業者を指名できません。自治体が定めた**指名基準**によって公平に運用されなければなりません。なお、指名基準は法律で公表が義務付けられています。

　指名基準の考え方は、工事等の発注規模によって、受注できる事業者のグループ（等級）を位置付け、そのグループ内で工事規模に対応できる事

図表4-2　指名基準の事例

事業者のランク付け		工事規模のランク付け	
等級	総合評定値※	等級	発注工事の標準金額
A	1,100点以上	A	150,000千円以上
B	800点以上1,100点未満	B	30,000千円以上150,000千円未満
C	600点以上800点未満	C	10,000千円以上30,000千円未満
D	600点未満	D	10,000千円未満

※総合評定値については、巻末用語集 P.153の「経営事項審査」を参照。

業者を競争で選定する基準です。

　このような指名基準は、相撲に例えれば、土俵での勝負にあたっては、横綱は横綱同士、大関は大関同士の勝負をさせるということです。横綱と幕下力士を土俵に上げても適正な勝負にならないということになります。

　指名基準によって事業者を指名する場合、特に留意する点は、恣意的な指名があってはならないということです。客観的な指名基準によって透明性のある決定を行う必要があります。

⊃ 自治体にも事業者にもメリット大の「参加希望型指名競争入札」とは?

　指名競争入札の一種として、**参加希望型指名競争入札**が実施できることになっています。これは、適正化指針に位置付けられているものです。通常、指名競争入札は、指名基準に基づいて、自治体が一方的に入札参加事業者を指名します。これに対して、参加希望型指名競争入札では、参加を希望する事業者の中から指名を行います。指名競争入札の長所を活かすとともに、事業者の参加意欲を確認できることから、適正化指針では積極的な活用を自治体に求めています。事業者にとっても、監理技術者（P.94: 6章13参照）や現場労働者の配置などに、柔軟な対応が図れるメリットがあります。

POINT

指名競争入札は、指名基準による公平性・公正性が重要

---

3 随意契約には
明確な理由が必要

➜ 随意契約の特徴とは？

　自治体契約制度の例外として、随意契約も実施することができます。**随意契約は、一般競争入札、指名競争入札と比較して契約手続きが簡易である**という特徴があります。しかし、いくら簡易な手続きだと言っても、契約制度の透明性・公平性・公正性を基本にした運用でなければなりません。

　どのような場合に随意契約が認められているのでしょうか。自治令に定められている九つの類型を見てみましょう。

---

①　売買、貸借、請負その他の契約でその予定価格が自治令の規定の範囲内で自治体の規則で定める額を超えないもの。

②　不動産の買入れ又は借入れ、物品の製造などの契約でその性質又は目的が競争入札に適しないもの。

③　身体障害者授産施設等、シルバー人材センター、母子・父子福祉団体などにおいて製作された物品を買い入れる契約又は役務の提供を受ける契約。

④　事業者が開発した新商品等を自治体が認定し、この商品等を自治体が契約するとき。

⑤　緊急の必要により競争入札に付することができないとき。

⑥　競争入札に付することが不利と認められるとき。

⑦　時価に比して著しく有利な価格で契約を締結することができる見込みのあるとき。

⑧　競争入札に付し入札者がないとき、又は再度の入札に付し落札者がないとき。

⑨　落札者が契約を締結しないとき。

いずれも自治令の規定は抽象的な表現になっていますから、随意契約を実施する場合は、九種類の類型にあてはめるとともに、さらに具体的な理由を説明する必要があります。

➡ 随意契約には明確な理由が必要

随意契約により、契約の相手方を恣意的に選定するようなことがあってはなりません。随意契約は、あくまでも例外であることに十分留意し、**前例だけによって随意契約が継続することのないよう、より具体的な理由を明確**にしておく必要があります。

例えば、製品の購入契約において、当該製品の特許を持っている事業者から購入する場合などが考えられます。また、特殊施設の修繕については、建設を請った事業者にノウハウがありますから、この事業者に発注することには合理的な理由があります。これらは、競争入札を実施する意味がないことになります。

随意契約の透明性・公平性・公正性を確保するためには、随意契約に関わる規則等を整備しておくことが重要です。さらに、この規則等に基づき、職員が運用しやすいよう具体的な契約事例を盛り込んだ運用マニュアルないし運用ガイドラインを作成しておくのが良いでしょう。

➡ 契約実績を公開することで透明性を高める

随意契約が恣意的に運用された事件があります。随意契約を結ぶ権限は、多くの自治体では各担当課に委譲されています。職員の恣意的な随意契約の運用によって、契約相手方に便宜を図れば、官製談合という犯罪になります。

これを防止するためにも、随意契約の具体的な理由とともに、随意契約の締結結果を自治体のホームページに公表するなど、透明性を確保できるよう運用にはくれぐれも配慮してください。

POINT
👆

随意契約は公平性を保てるような運用の工夫が必要

4 せり売りは 動産の売払時の「特例」

→ せり売りは物品などの売払時に実施できる

　自治体契約制度の例外として、せり売りを実施することができます。**せり売りは動産の売払いの場合にのみ運用が可能**です。

　例えば、市長が使用していた庁用車を買い替えるにあたって、古い車を単に廃車にするのではなく、価格競争によってできるだけ高値で売却したい場合、せり売りが適しています。年代物の車であれば、自治体にとっては不用品でも、アンティーク的な価値を見出す人がいるかもしれません。

　このように、庁舎内に思いがけない「お宝」が眠っていることはよくあります。動産のせり売りは、この価値を価格競争によって、引き出そうというものです。

　もちろん、動産は一般競争入札で売却することもできますが、**より価値を高める価格競争の仕組みがせり売り**ということになります。

→ ネットオークションと仕組みは同じ

　実際にせり売りを実施するためには、ネットオークションの仕組みを利用すると便利です。職員が関わって会場で実施することもできますが、時間とコストがかかります。

　皆さんも「有名な絵画が数十億円で落札された」「有名人のホームランボールが数億円で落札された」などといったニュースを見たことがあるのではないでしょうか。出品する人がいて、それを所有したい人が価格競争を行うわけです。その提案価格の上昇は、周辺の人々に周知されます。それがさらなる購入希望者を呼び込み、より高い価格での売却が可能になります。

　自治体もネットオークションの仕組みを使って物品等を売却すれば、より高い価格での売却によって、財源を確保することができます。

せり売りでは、最初に「せり売り開始価格」を設定します。オークションのスタート金額です。あまり高い金額では、参加者が集まりませんので、市場価格を調査してから設定する必要があります。対象物品によっては、せり売り開始価格を設定しない方法もありますが、これは自治体の判断ということになります。

➡ 予想以上の価格で売却できる可能性も

自治体の不用品が予想以上の高値で売却された事例を紹介します。

茨城県龍ケ崎市は、令和4年度、車両更新で廃棄する消防車5台をネットオークションにかけたところ、いずれも予定価格の2倍以上の値が付き、計251万8千円ですべて売れたと報道されました。

売却したのは、いずれも市内の消防団に配備されていた2000年式の消防ポンプ自動車1台と小型動力ポンプ付き積載車4台です。自動車販売5社に依頼した査定の最高額をせり売り開始価格とし、官公庁が差し押さえた財産の公売や、公有財産の売却に使うインターネットのサイトを通じて入札を実施しました。

最も高く売れたのはポンプ車で60万3千円。予定価格は30万円でした。ほかの4台も予定価格20万円に対し45万3千円～50万8千円で落札されました。それまでは、消防車両を20年で更新し、不用になった車は途上国に寄贈してきましたが、一昨年からオークションに出品し、今回の分を合わせて717万円余の収入があったとのことです。

このように、せり売りは予想以上の収入が期待できるのが魅力です。

POINT
🖐 せり売りの活用で、不用品が高値で売却できる

5 長期継続契約は年度を またいでよい「例外」

➜ 長期継続契約は例外中の例外

　自治法第234条の３の規定によって、自治体では長期継続契約を締結することができます。一般競争入札などの契約では、原則単年度の契約になりますが、中には電気やガスの契約など、年度をまたいで継続的に契約を結んだ方がよいものもあります。**長期継続契約は、翌年度予算が確保されていなくても複数年度の契約が可能**です。この点が一般競争入札などと大きく異なる点です。

➜ 長期継続契約の対象となる契約は？

　長期継続契約の対象となる契約は次の通りです。

① 　電気、ガス若しくは水の供給若しくは電気通信役務の提供を受ける契約
② 　不動産を借りる契約
③ 　その他政令※で定める契約
　※ 　翌年度以降にわたり物品を借り入れ又は役務の提供を受ける契約で、その契約の性質上翌年度以降にわたり契約を締結しなければ当該契約に係る事務の取扱いに支障を及ぼすようなもののうち、条例で定めるもの。

　自治体は、長期継続契約の条例を定めていますが、かなり広範囲にわたって長期継続契約の対象を規定しているケースもあります。

➡ 長期継続契約の特徴は？

通常の契約は予算の確保が必要ですが、翌年度以降の予算の確保がなくても契約できる例外が長期継続契約です。したがって、長期継続契約のできる対象は限定的となっていることに注意が必要です。

長期継続契約で契約済みであったとしても、予算が確保されない場合、契約は解除できるため、契約書には**解除条項**を設けておく必要があります。契約の相手方にとっては、行政の一方的な都合で予算が計上されなかった場合、契約が解除されることになり、不安定な契約方法とも言えます。

➡ 債務負担行為の積極的な活用を検討！

自治法の規定では、複数年度の契約を締結する場合は、**債務負担行為を設定することが基本**とされており（P.110：7章5参照）、長期継続契約はその例外として位置付けられています。これは、議会の議決の必要な債務負担行為に基づくことを基本とすべきという趣旨によるものです。

自治体によっては、複数年度にわたる契約について、債務負担行為を原則に運用しているところもあります。このような自治体では、長期継続契約の範囲を定めた条例はありません。自治法の趣旨を踏まえ、以前から債務負担行為を積極的に活用してきたからです。長期継続契約は、電気、ガス若しくは水の供給などに限定して運用すれば、条例制定の必要がないことになります。

POINT 長期継続契約は、債務負担行為の活用と同時に検討する

成功事例

移転した保育園の土地・建物を
賃貸借で活用

　東京都国分寺市は、平成21年9月末、旧保育園用地を建物付きで民間企業（H社）に貸付けしました。H社との賃貸借契約は、自治令第167条の2第1項第2号による「随意契約」でした。年間賃料は、600万円で、周辺の駐車場賃貸借の相場を考慮した金額でした。

　なぜ、随意契約としたのか。これには大きな理由がありました。H社は、東京都M市に本社がありましたが、会社の事情で移転先を探していました。移転先の条件が、国分寺市の旧保育園跡地に合致したわけです。長年にわたって、H社は、パチンコ店に様々な景品を納入する事業を展開していました。その景品の中に「たばこ」があります。H社はたばこの小売店の許可を得て、日本たばこ産業株式会社（JT）からたばこを仕入れ、パチンコ店に納入していたのです。

　ポイントは、市町村たばこ税の税収です。H社がM市に住所があったときは、H社の仕入れ分だけで、多いときには5億円の市町村たばこ税がM市に、JTから納税されていました。H社が国分寺市に移転することによって、多額の市町村たばこ税の収入が期待できるわけです。これを随意契約の理由として賃貸借契約を締結したわけです。

　賃貸借契約後、H社は旧保育園の建物を改修し、約2か月で、たばこの小売店の住所変更の手続きも終わりました。その結果、国分寺市の市町村たばこ税は、H社の仕入れ分だけで、毎月3千万円の増収となりました。平成21年度から平成28年度までを計算しても、約21億円に上ります。もちろん、年間600万円の賃借料は別計算です。

　普通財産の有効活用としては、まれな事例と言えますが、契約制度の活用とH社の住所移転情報のタイミングが、絶妙に合致した事例となりました。

第 5 章

業務の全体像をつかむ！

契約事務の流れ

1 消耗品や備品を購入するには

● 購入手続きの基本を確認しよう

　行政サービスの提供に必要な消耗品や備品などの購入にあたっては、まず何が必要かを調査しておくことが必要です。計画的に在庫管理を行い、行政サービスに影響が出ないようにしておくことが大事です。

　さらに、消耗品などの品質も決めておく必要があります。例えば紙類などは、エコマーク製品を購入することによって、二酸化炭素の削減に貢献できます。

　このように、購入する物品の内容を検討し、書面に定める作業を自治体では**仕様書の作成**と呼んでいます。ここが行政サービスの質を決める一番大事な作業ということになります。

　購入する物品の内容が決まったら、次にどの事業者から購入するかを決定する必要があります。この手続きが個人の購入手続きと大きく違う点です。

　自治体の場合は、担当者の一存で購入する事業者を決めることはできません。価格競争によって契約の相手方を決める必要があります。競争の方法は、原則として**一般競争入札**ですが、消耗品などの場合は、**見積合わせ**の方法がとられる場合が多いと思います。また、年間計画によって、**単価契約**をしている物品については、単価契約締結の相手方から購入手続きを行います。この契約の一連の契約手続きが支出負担行為です。

　契約の相手方が決まったら、契約書を作成します。自治体契約では、原則として契約書を作成し双方が記名押印をします。ただし、自治体の規則等によって**契約書を省略**できる場合があります（P.102：7章1参照）。その場合は、請書を作成します。自治体によっては、請書も省略できますから、規則等をしっかりと確認しておくことが大事です。

➡ 納品の確認と支払手続きは誰がするのか？

　注文通りの納品かを確認する事務は重要です。この事務の担当者は、**検査担当**や**検収担当**と呼ばれ、多くの自治体では係長職が担うことが多いようです。実際の確認作業では、請求書の裏面に「納品確認印」を押印します。

　近年、**架空納品**という事件が発生しています。納品の事実が無いのに支払手続きを行い、事業者に資金をプールする手口で、自治体職員と事業者が結託した詐欺事件です。不正防止の観点からも、納品確認事務は重要です。

　納品と同時に事業者から請求書が提出されます。納品を確認した後、課長決裁などの手続きを行います。これを**支出命令**と呼びます。その後、請求書などの書類を会計管理者が審査のうえ、事業者の口座に振り込みます。

図表5-1　物品等の購入手続きの流れ

仕様書の作成	…どんな物を購入しよう？　個数は？　品質は？
契約方法の検討	…契約相手をどのように決めよう？
入札・契約（支出負担行為）	…入札により事業者を決定
契約書の作成	…契約書に双方が記名押印
納品確認	…検査担当が納品を確認
支出命令	…請求書に基づき支出伝票を作成
支払	…会計管理者の審査後、事業者に振込み

POINT　物品等の購入は、価格競争による契約手続きが必要

2 業務を外部委託するには

➡ 行政サービスの提供に外部委託は欠かせない

　行政サービスの提供には、外部委託は欠かせないものになっています。例えば、ごみ収集は住民生活に欠かせない行政サービスの一つです。かつては自治体の職員が、この業務を行っていた時代がありましたが、現在は、多くの自治体が民間専門業者に委託しています。

　それ以外に、建物・道路・公園の清掃委託、保育園の運営委託、電算システムの開発委託、コミュニティバスの運行委託など、いずれも行政サービスの提供に欠かせないものとなっています。

　民間業者には、専門分野のノウハウがありますから、そのノウハウを行政サービスの提供に活かすことができれば、住民の満足度の向上につながります。また、外部委託によって、自治体も職員配置を最適化でき、財政面でもメリットがあります。

➡ 業務委託契約の手続きの基本を確認しよう

　外部と業務委託契約を結ぶにあたっては、委託内容を明確にする必要があります。この作業が**委託仕様書**の作成です。この仕様書に基づき委託経費を積算し、予定価格を設定します。ここで重要なことは、**予定価格は自治体の秘密事項**であって、**事業者等に教えてはならない**ことです。この点が、個人の業務依頼と大きく異なります。

　次に委託先を決定する必要があります。評判の良い事業者であっても、自治体職員の判断のみで決定することはできません。価格競争によって契約の相手方を決める必要があります。

　競争の方法は、原則として**一般競争入札**ですが、業務委託契約の場合は、実績を重視して**指名競争入札**を実施する場合もあります。特別な理由があ

る場合は、**随意契約**を行います（P.48：4章3参照）。シルバー人材センターや障がい者団体に広報誌の配布委託を実施する場合などが、これに該当します。契約の相手方が決まったら、契約書を作成し双方が記名押印をします。

委託業務が完了したら、完了確認を行います。この事務の担当者は、検査担当や検収担当と呼ばれ、多くの自治体では、係長職が担うケースが多いようです。実際の確認作業では、請求書の裏面に「完了確認印」を押印します。

ただし、ごみ収集の委託業務などの場合は、物品の納品確認と異なり、完了状況の詳細の確認が困難です。したがって、事業者から「業務完了届」の提出を求めることが一般的で、虚偽の報告があれば契約違反として違約金の対象になります。

支払手続きは、物品購入等と同様になります。

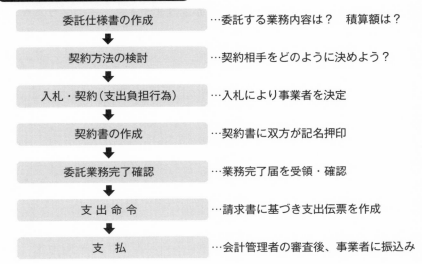

図表5-2　業務の外部委託の流れ

委託仕様書の作成	…委託する業務内容は？　積算額は？
契約方法の検討	…契約相手をどのように決めよう？
入札・契約（支出負担行為）	…入札により事業者を決定
契約書の作成	…契約書に双方が記名押印
委託業務完了確認	…業務完了届を受領・確認
支出命令	…請求書に基づき支出伝票を作成
支払	…会計管理者の審査後、事業者に振込み

POINT 業務委託契約で、自治体業務に民間のノウハウを活かす

3 物品等を リースするには

➡ 自治体業務にリース契約は欠かせない

　リース契約は、物品等を利用者に代わってリース会社が購入し、利用者に一定期間有料で貸し出す契約です。自治体業務は様々な機器を活用しながら進められています。身近な例を挙げれば、コピー機やパソコンがあります。このような物品等を用意しなければ、様々な行政サービスの提供はできません。

　これらの物品等を用意するには、二つの方法があります。一つは、売買契約によって購入することです。もう一つがリース契約によって物品等を使用できるようにすることです。自治体の現場では、このリース契約が定着しています。

　では、どのような物品等がリース契約になじむのでしょうか。パソコン等はどんどん新しい製品が開発されます。これをその都度、売買契約で購入することは、予算の無駄遣いになります。そこで、便利なリース契約が登場したわけです。3年から7年などの一定期間、一定額で物品等をリースし、リース期間満了後には、新しい機能を持った物品等を再度リースすることができます。自治体にとっては、大変便利なわけです。

　リース契約では、物品等を決定し、この物品等をリース契約できる事業者を選定します。選定の契約方法は、原則として一般競争入札ですが、指名競争入札を実施する場合もあります。随意契約は特別なものでない限り、ほとんど無いといっていいでしょう。

➡ どのような契約書を使用するか？

　リース契約は、民法に定める賃貸借契約とは異なる特殊な契約です。したがって、自治体の定めた「賃貸借契約書」を使用することは避けた方が

よいでしょう。特にファイナンス・リースの場合は、中途解約が禁止され、物品等を使用するユーザーが全額を負担するという性格があります（P.82:6章7参照）。契約にあたっては、リース会社の提示した契約書をよく確認することが大事です。

また、リースした物品等が故障した場合、物品等の提供元やリース会社からの修繕保証はありません。したがって、ユーザーである自治体は、**リース契約とは別に、物品等の保守点検委託を締結**しておくことが必要です。この委託によって、故障等のリスクが軽減できますから、安心してリース品を使用することができます。

➔ リース契約とレンタル契約の違いを確認しよう

物品等を使用するには、レンタル契約もあります。それぞれの特徴を理解し、目的に合った契約を選択しましょう。

図表5-3　リース契約とレンタル契約の違い

項　目	リース契約	レンタル契約
契約の性質	賃貸借と資金調達の側面を持つ	賃貸借契約（民法上）
対象物件	物品、機械・OA機器など	レンタル会社の在庫内の物件
目　的	長期間使用	一時的使用
期　間	通常3年以上	月・週単位で短期間
ユーザー	特定	不特定多数
料　金	物件価格×リース料率	一定の料金設定
中途解約	原則不可（違約金発生）	原則可能
契約期間終了後	返還または再リース	返還
所有者	リース会社	レンタル会社
保守・保全責任	ユーザー	レンタル会社

POINT リース契約は購入するより色々な面で得になる場合がある

4 公共工事を発注するには

➔ 公共工事の基本的な手続きを確認しよう

　公共施設の建替え、大規模修繕、解体、災害復旧などの工事請負契約にあたっては、事前に**設計業務**が発生します。この設計図面を基に、実際に工事が施工されます。また、設計時に必要な経費の積算もこの設計図面を基に行います。この設計積算額が工事発注時の予定価格になりますから、事前の設計業務は重要になるわけです。

　次に工事請負業者を選定します。工事請負業者を決定する方法は、原則として一般競争入札ですが、工事請負契約では、実績を重視して指名競争入札を実施する場合もあります。災害復旧など緊急の場合は、随意契約を行うケースもあるでしょう。

　また、庁舎建設などの大規模工事は、同種の工事の実績があることを入札の条件にする場合もあります。地元企業の振興のため、自治体の地域内に事業者の本店、支店があることを入札条件とすることも可能です。さらに、価格競争だけではなく、事業者の技術力や社会貢献度を点数化して落札者を決める**総合評価方式**（P.108: 7 章 4 参照）を採用することも可能です。このように対象事業に応じた契約制度の組合せが重要なポイントになるわけです。

➔ どのような契約書を使用するか？

　公共工事の請負契約は、契約額が大きいものが多く、施工技術については高水準が求められます。特に安全対策を講ずることは重要です。

　したがって、工事請負契約には契約書は不可欠になります。さらに、民法等の法令に従うことも必要ですから、契約約款が定められています。これを**公共工事標準請負契約約款**と呼んでいます。

➔ 工事の完了確認と工事代金の支払手続き

　請負工事が完成すると、事業者から工事の完了届が提出されます。これを**竣工届**と呼びます。竣工届が提出されたら、自治体は速やかに工事検査を行います。設計書通りの施工が行われたかを確認する業務です。これを担当する職員を検査員と呼んでいます。

　工事検査に合格して、初めて完成した物件の引渡しが行われます。その後、会計管理者が審査のうえ、事業者の口座に代金が振り込まれます。

図表5-4　工事請負契約の流れ

設計書の作成	…どんな建物・施設にしよう？
契約方法の検討	…契約相手をどのように決めよう？ 一般競争入札？　指名競争入札？
入札・契約（支出負担行為）	…入札により事業者を決定
施　工	
竣　工　届	…事業者が工事の「竣工届」を提出
工　事　検　査	…検査員が工事の施工完了を確認
支　出　命　令	…請求書に基づき支出伝票を作成
支　払	…会計管理者の審査後、事業者に振込み

POINT

公共工事の発注は特に競争性・公正性が重要

5 土地を取得するには

➔ 公共施設の整備には土地の確保が欠かせない

公共施設の整備にあたっては、用地の確保が重要となります。

土地の選定は、公共施設の種類によって望ましい条件が異なります。庁舎であれば、自治体の中心部が理想的です。スポーツ施設であれば、広い面積で自然に囲まれている場所が良いでしょう。

そして、いくら良い土地でも、土地の所有者の同意がなければ整備はできません。公共施設等を将来にわたって住民が利用できるようにするためには、売買契約によって土地の所有権を取得することが基本になります。賃貸借契約では、契約期間が満了したら、土地を返却しなければならなくなり施設の運営に困ってしまいます。

➔ 用地の取得交渉が重要！

公共用地を取得するためには、土地所有者との用地交渉が重要になります。自治体が必要な土地であっても、なかなか買収に応じてくれない場合もあります。また、当該の土地に家屋や倉庫など建築物がある場合は、物件を除去するための補償費がかかります。自治体には、物件の補償基準がありますから、土地代金とともに物件の補償交渉も大事になってきます。

➔ 土地の履歴を確認しよう

土地所有者との交渉が成立した場合は**土地売買契約書**を締結します。もちろん、契約にあたっては、**土地の登記簿**を確認します。登記簿に抵当権や地上権など他人の権利が設定されている場合は、この権利を抹消することが基本となります。さらに、当該土地の履歴を確認します。過去に、薬品を使用した工場があった場合、土地の環境汚染の心配があります。例え

ば、江戸時代から畑として利用されてきたことが確認できた場合は、土地の履歴としては安心できるでしょう。

土地売買契約書は、不動産業界が定めた標準的な契約書があります。この契約書を参考に契約書を作成します。

➡ 所有権移転登記後に土地代金の支払手続きを行う

土地売買契約が成立したら、所有権移転の登記手続きを行います。登記手続きに必要な権利書などの書類を登記所に提出します。通常この手続きは、司法書士事務所に依頼しますが、自治体職員でも手続きは可能です。

この登記を、**所有権移転登記**と呼びます。登記が終わると、登記完了の通知が送付されます。これが権利書となります。完了後の登記簿を確認し間違いがないことを確認します。土地代金は、登記の完了を確認してから支払うことになります。相手方から請求書の提出を受け、支出命令など必要な書類を整理し、会計管理者の審査後に、口座振込みにより支払います。

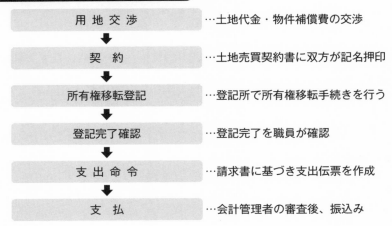

図表5-5　土地を取得するまでの流れ

用 地 交 渉	…土地代金・物件補償費の交渉
契　約	…土地売買契約書に双方が記名押印
所有権移転登記	…登記所で所有権移転手続きを行う
登記完了確認	…登記完了を職員が確認
支 出 命 令	…請求書に基づき支出伝票を作成
支　払	…会計管理者の審査後、振込み

POINT

公共施設の整備に必要な土地の確保は交渉が重要

6 不用になった土地を売却するには

→ 不用になった公共用地を有効活用しよう

　公共施設が役割を終えて廃止になると、建物の解体後に残った土地の活用が課題になります。多くの自治体は、高度経済成長期に公共施設を整備してきました。庁舎、小中学校、保育園、図書館、公民館、文化施設、コミュニティ施設などです。これは、当時の豊富な財源のもと、住民からの要望に応えた政策でした。

　しかし、現在は老朽化した公共施設の建替えなどが課題になっています。具体的な事例としては、人口減少により小中学校の統廃合が行われ、廃校になった学校用地の活用があります。また、庁舎の老朽化によって、新たに庁舎を建設すれば、旧庁舎用地の活用も課題になります。公共施設は土地とセットですから、統廃合等の後には、土地活用が大きな課題になるわけです。

　この土地活用には、①他の公共施設の建設のための土地として活用する、②土地を民間事業者に貸付けし財源を確保する、③土地を売却して財源を確保するという三つの方法が考えられます。このうち、土地を売却する場合の手続きを考えてみましょう。

→ より高値で売却するための工夫

　皆さんが所有している土地を売却する場合、より高く売却したいと思うはずです。自治体も同様です。もともと土地を取得した財源は、住民の税金で賄われていますから、より高く売却することが自治体の責任でもあるわけです。

　売却先は、自治体の長や担当者の独断で決定することはできません。売却額についても、独断で安い価格を設定することはできません。価格競争

で売却の相手先を決定する必要があります。

　では、土地を高く売却するための条件を考えてみましょう。土地の所有権は登記簿で確認できます。もちろん登記簿には土地の面積が載せられています。ところが実際に測量をしてみると、実測の面積が登記簿上の面積と異なることはよくあります。売却する場合は、**測量を実施して面積を明確にしておく**のがよいでしょう。この測量と同時に、隣地との境界を確定させておくことで、価値の高い土地になります。

　また、売却にあたって、今までの土地利用の経過をまとめて説明しなければなりません。地下に産業廃棄物などの地中埋設物がないことを明確に説明しておかないと、売却後にトラブルになることも考えられます。このような条件を整え、**土地鑑定を依頼し売渡価格を設定する**のが望ましい方法です。

　売却にあたっては、その後の土地利用に条件を付けることができます。仮に、売却後の土地利用に条件を付けず、取得事業者が産業廃棄物の中間処理施設を建設したような場合、近隣トラブルとなって、元の土地所有者である自治体の責任が問われることになるからです。売却にあたっては価格だけではなく、土地利用法も重要な条件となります。

➡ 土地売買契約書の締結と登記及び支払手続きは？

　土地売買契約書は不動産業界が定めた標準的な様式を参考に作成しますが、特に重要な点は、土地の実測図、土地の履歴の説明です。また、特約事項として、売却後の土地利用制限を明記することは重要です。

　自治体所有の土地を売却した場合は、土地代金の入金を確認してから、所有権移転登記を行います。用地を取得する場合は、登記後に支払いますが、売却の場合は、代金の入金を確認してから、登記手続きを行います。この条件も契約書に明記しておく必要があります。

POINT　契約書に条件を定めることで売却後のトラブルを防ぐ

Column 5
事務用品の購入を装った公金詐欺事件

　広島県某町の住民課室長は、事務用品の購入を装い公金をだまし取ったとして、令和4年10月に逮捕されました。

　この事件では、容疑者である室長と同時に、事務用品販売会社代表も逮捕されています。室長は、同年2月、事務用品販売会社から事務用品の購入を装い、およそ12万円をだまし取った疑いが持たれています。町によると同年3月に内部の職員から、室長が不正に公費を支出しているのではないかとの相談を受けて、内部調査を実施し事件が判明したということです。

　室長は事務用品と偽り、マグカップやサンダルなどを購入していたと明らかにしています。また、パソコンを私的に購入したことや漫画なども購入したことが判明しています。不正の手口は、容疑者の会社から事務用品などを購入したとする嘘の請求書を提出させ、8回にわたり計12万円余りを町から支払わせたものと思われます。

　この種の不正は「預け金」と呼ばれる事件で、過去にも何回か発生しています。職員と業者の責任者などが結託し、備品や事務用品を架空発注します。そして、業者の責任者は、請求書を偽造して自治体に提出します。職員は物品等の納品を確認する書類（一般的には請求書の裏面に検収印を押印）を偽造し、会計管理者の審査を通し、業者に支払います。その後、業者にプールされた現金で私物などを購入する不正の手口です。

　この種の不正防止対策のポイントは、実際に納品された物品等の確認作業です。発注権限を持った職員と納品を確認する職員が同一の場合、不正は防止できません。担当者を別にするとともに、請求書の裏面に検収印（納品の確認）を押印するだけでなく、重要な物品などは支出命令書に写真を貼付するなどの対策を講ずることで、不正を防止することができます。

第 6 章

職場で出てくる用語がよくわかる！

契約事務の
ポイント

1 契約の上限額となる予定価格を設定する

→ まず始めに予定価格を設定する

契約手続きを進めるにあたって予定価格を設定します。予定価格は契約を行う場合の上限額です。この予定価格の設定は、消耗品や備品の購入であろうと、公共工事や委託業務の契約であろうと、どんな場合でも必要な手続きだと考えてください。そして予定価格の設定は予算の範囲内でなければなりません。

予算の範囲内ということを考えれば、予算計上する時点の事務作業が重要になります。つまり、予算積算時から、予定価格を想定しながら契約事務をスタートさせていることになります。

さらに、予定価格は契約の上限額ですから、競争入札時に予定価格を上回った入札は失格となることに注意してください。

→ 予定価格の設定は極めて重要

消耗品や備品の予定価格の積算は、市場単価をカタログ等で調査し、一般的な取引価格を想定したうえで設定します。この予定価格の範囲内で競争入札を実施することによって、価格競争による経済効果が期待できます。**予定価格の範囲内で一番低い価格を提案した事業者が落札者になります。**この際、**予定価格に対する落札額の割合を「落札比率」**と呼んでいます。

委託業務では、まず「業務委託仕様書」を作成します。委託業務に必要な作業項目を設定し、作業項目や成果物の単価を想定します。加えて、委託業務は人件費がかなりのウェイトを占めますから、作業に必要な人件費も積算します。積算した合計額が予定価格になります。

公共工事の予定価格の設定は、工事の設計積算が基になります。設計図面を基に、工事に必要な資材、人件費、光熱水費、重機などの単価を積算

し、設計積算額を算出します。これが予定価格になります。

　設計積算にあたっては、経済社会情勢の変化を勘案し、市場における労務及び資材等の最新の実勢価格を適切に反映させなければなりません。無理に予算の範囲に収めようとしたり、設計積算額を意図的に削減するようなことがあってはなりません。

➡ 予定価格は絶対に漏らさないこと！

　契約に関わる不正事件の多くは予定価格等の漏えいによるものです。具体的には、**予定価格、最低制限価格、低入札調査基準価格、設計積算情報など入札情報の漏えい**が原因とされています。

　自治体職員が入札情報を漏えいし、特定の事業者を落札者にするような行為は官製談合にあたり、これは犯罪です（P.26: 2章2参照）。契約事務の秘密の最たるものが入札情報であり、いかなる場合も外部に漏らしてはなりません。

　官製談合事件は、近年、月平均1～2件の頻度で、多くは公共工事の発注手続きで発生しています。しかし、設計委託業務や施設管理委託業務、さらには、物品の購入契約でも発生しています。加えて、見積合わせで特定の事業者を意図的に落札させる事件も近年増えています。官製談合事件は贈収賄事件と密接な関係もあり、いったん事件が発生すると自治体への信頼性を大きく損なう結果となります。

　自治体によっては、予定価格を事前公表しているケースもあります。この場合は、予定価格は秘密事項ではありませんが、最低制限価格や低入札調査基準価格との関係もありますから、契約手続きにおける秘密情報を確認し、厳格な情報管理の必要性を認識してください。

POINT | 必ず予算の範囲内で予定価格を設定する

2 印紙の貼付が 必要かどうかの基準は？

→ 印紙の貼付はなぜ必要？

　皆さんは日常生活で印紙を目にしたことはありませんか。例えば、物品を購入した場合の領収書は、5万円以上であれば、印紙が必要になります。金額の区分があり、5万～100万円までは200円の印紙が必要です。また、不動産の取引にも印紙税が課税されます。皆さんが1,500万円の不動産を買う契約をした場合、契約書には1万円の印紙を貼付する必要があります。

　ほかにも様々な契約や取引に対して、印紙税法の規定によって、印紙税の負担が求められます。印紙税という税金は、印紙を購入することで納税していることになります。印紙税は、自治体の契約でも同様に適用されます。

　ただし、自治体は印紙税法の規定によって、課税はされません。 自治体の作成した契約書や文書は、非課税文書とされているからです。

　自治体と事業者が、700万円の工事請負契約を締結した場合を考えてみましょう。契約書は二通作成され、双方が記名押印します。自治体が保管する契約書は、事業者が作成したものとみなされ、印紙の貼付が必要です。この場合は、工事代金が500万円を超え1千万円以下なので、5千円の印紙の貼付が必要となります。

　一方、事業者が保管する契約書は、自治体の作成したものと見なされます。したがって印紙の貼付は必要ないということになります。

→ 「工事請負契約」は印紙税の対象となる！

　自治体契約では、請負契約が印紙税の対象契約となります。請負契約とは、民法第632条で「当事者の一方（請負者）がある仕事の完成を約し、相手方（注文者）がその仕事の結果に対して報酬を支払うことを内容とす

る契約をいう」と規定されています。

　自治体の歳出予算では、予算科目は「款・項・目・節」に区分されていますが、その中に、**節「14　工事請負費」**があります。これによって契約する場合は、民法の請負契約と一致します。したがって、工事請負の契約書には印紙の貼付が必要になります。

➡ 「業務委託契約」の一部は印紙税の対象とならない場合がある

　工事請負費のほかにも民法の請負契約とされるものがあります。自治体の予算科目に節「12　委託料」がありますが、この科目で業務委託契約を締結する場合、大半が印紙税の対象となります。

　業務委託契約であっても、大半は事業者に対して印紙の貼付を求めています。庁舎の清掃業務委託やごみ収集業務委託がこれに該当します。

　ただし、弁護士との訴訟委託契約など一部の契約は、請負契約に該当しません。CM事業者との業務委託契約（P.124：第7章12）も請負契約ではありません。業務委託契約では、予算科目の節「12　委託料」を使用しますが、この科目の契約に印紙税の負担が必要なものと不要なものがあるわけです。この点に十分注意してください。不明な点は、税務署に確認して事業者に説明することを心がけましょう。

　土地売買契約、建物等の賃貸借契約、リース契約の場合は印紙税の負担はありません。自治体が日常的に行っている物品の購入契約も印紙税の負担はありません。ただし、業務委託契約に物品の購入が含まれる場合は、請負契約に該当しますから、印紙税の対象になることに注意しましょう。

　さらに、印紙の貼付が必要な契約であっても、電子契約は、電子ファイルで契約を交わすため、文書を作成したことにはならず、印紙税は非課税とされています。事業者にとってはメリットのある契約です。

POINT　契約の印紙税は事業者のみが負担し、自治体は非課税

3 公共工事標準請負契約約款でトラブルを防ぐ

→ 契約書は標準的な様式を定めたほうがよい

　自治体契約の実務は、正確に迅速に行う必要がありますが、多様な契約を締結するにあたって、その都度契約書を作成するのでは効率が良いとは言えません。

　そこで、多くの自治体では、契約の種類ごとに標準的な契約書を定めています。**ひな形となる契約書をリーガルチェックしておくことで**、**個別の契約でのトラブルを防止**する効果もあります。

　民法やその他の法改正があった場合は、標準契約書の変更点がないかを検討する必要があるでしょう。

→ 工事請負契約は「公共工事標準請負契約約款」を使用すべき

　自治体が締結する契約の中でも、特に公共工事契約は動く金額も大きく、契約内容の範囲も広いことから、将来の紛争の防止のためにも、標準的な契約書を定めるとともに、**公共工事標準請負契約約款**を使用することが望ましいでしょう。

　公共工事標準請負契約約款は、中央建設業審議会が定めたもので、自治体契約では広く使用されています。

　中央建設業審議会は、建設業法に定められた国土交通省の諮問機関です。昭和24年の発足当時は、建設工事の請負契約をめぐって当事者間の紛争が多発していました。これは、合意内容に不明確、不正確な点があっても、その解釈規範としての民法の請負契約の規定が不十分であったためです。

　また、建設工事契約を締結する当事者間の力関係で、行政側の主張が強く一方的になる場合もありました。契約条件が行政側だけに有利に定められてしまうという問題も指摘されていました。

このような問題は、建設業の健全な発展と建設工事の施工の適正化を妨げるおそれがあるため、中央建設業審議会が当事者間の具体的な権利義務の内容を定める標準請負契約約款を作成しました。

契 約 書 名	決 定 日	最終改正日
公共工事標準請負契約約款	昭和25年2月21日	令和4年6月21日
建設工事標準下請契約約款	昭和52年4月26日	令和元年12月13日

　公共工事標準請負契約約款は、国の機関、地方公共団体等のいわゆる公共発注者のみならず、電力、ガス、鉄道、電気通信等の民間企業の工事についても用いることができるように作成されています。

　また、公共工事標準請負契約約款は、民法、建設業法、入契法、品確法などの改正があった場合、中央建設業審議会で十分検討し、法改正を反映した契約約款となっています。したがって、**自治体の工事請負契約では、この約款を使用すれば契約上の紛争を防止できて安心**です。

　自治体の公共工事の内容は広範囲にわたるため、公共工事標準請負契約約款の条文すべてが適用されるわけではありません。契約内容によっては、適用されない条文もあることに注意しましょう。

POINT　標準契約書の活用で効率アップとトラブル防止が叶う

4 議決が必要な契約に注意しよう

➡ 契約の金額によっては議会の議決が必要

　自治体契約は、予算の範囲内で契約し、予算は議会の議決がなければ執行することはできません。さらに自治令の規定によって、一定の基準を超えた契約の締結にあたっては、個別議案として議会の議決を得る必要があります。

　例えば、下表のように、工事請負費については、町村は5千万円以上、市は1億5千万円以上の契約は議会の議決が必要です。物品購入契約でも、町村は7百万円以上、市は2千万円以上の契約は議会の議決が必要です。この金額は、設定された予定価格で判断します。また、不動産の場合は面積要件もあります。

図表6-1　議会の議決が必要な契約とその基準

（自治令第121条の2、別表第三・第四）

区　分		県	政令市	市	町　村
工事又は製造の請負		5億円以上	3億円以上	1.5億円以上	0.5億円以上
不動産・動産、不動産信託の受益権の買入れ・売払い	土地面積	2万㎡以上	1万㎡以上	5千㎡以上	
	金　額	7千万円以上	4千万円以上	2千万円以上	7百万円以上

　実務上は、競争入札で落札者を決定し契約書を締結しますが、**議会の議決が必要な契約の場合は、仮契約であることを落札者に説明しておくこと**が大事です。議会の議決を得て正式な契約となります。

➡ 議会の議決を得ない契約は無効に！

　では、議会の議決を得ないで実際に契約を締結し、契約代金を支払った

場合はどうなるのでしょうか。結論から言うと、**議会の議決を得ないで執行した契約は無効**です。つまり契約そのものが無かったことになります。

しかし、現実問題としては、簡単に契約が無かったことにできない事情があります。既に契約を結び代金を支払い、物品を使用している場合もあります。また、工事が完成し、施設の使用を開始している場合もあります。

この場合の解決方法としては、議会に依頼して、遡った日付で議会の議決手続きを行うことになります。これ以外の解決方法はありません。ただし、これは単純な事務的ミスでは済まされません。議会から見れば、自治令で定められた議決権の侵害になるからです。

● 議会と長の関係にも影響が出てしまうので注意！

議会の議決を得なかった契約の事例を紹介します。令和3年、兵庫県のある市では、平成30年～令和2年に購入した消防ポンプ車3台について、市議会の議決を得ずに契約していたことが判明したと発表しました。その後、契約は条例に違反し無効となるため、市は市議会の定例会に契約を追認する議案を提出しました。

消防ポンプ車は消防団車両の更新のため、指名競争入札を各年で実施し、市内の同じ企業から3台を約1,906万～2,059万円で購入したものです。自治令では、市の場合、予定価格2千万円以上の財産を取得する場合は、議会の議決が必要と定めています（図表6-1参照）。ポンプ車はいずれも予定価格が2千万円を超えていましたが、担当職員が税抜き価格で2千万円未満の場合、議決は不要と勘違いしたということです。市は、副市長をはじめ管理職や、当時の担当職員らに訓告や厳重注意などの処分を行いました。

このような重大なミスが発生すると、長と議会との関係の調整が必要になり、職員の懲戒処分手続きも発生します。このようなミスが発生しないよう、契約事務に関わる基礎知識の習得が極めて重要になります。

POINT 議決が必要な契約の手続きを怠ると、契約は無効になる

5 契約不履行の危機に備える 入札・契約保証金制度

➡ 自治体契約では事業者に保証金を求める制度がある

　保証金制度は、契約手続きを進めるにあたって、双方の信頼関係を担保する性格があります。

① 入札参加に際しての保証金

　自治体契約では、落札者が決定したにもかかわらず、落札者が何らかの理由により、契約締結を辞退する事例が発生することがあります。これを簡単に許してしまえば、契約制度全体の信頼性が揺るぎかねません。また、自治体は、再度の入札手続きを実施しなければなりません。

　このような事態を防ぐために設けられたのが、**入札保証金制度**です。入札参加を希望する事業者は、自治体に一定金額を保証金として納めます。これで、落札者が確実に契約締結に応じることが担保されます。**契約しない場合、自治体の被る損害は保証金で補てんされます**。

　法的な性格は、民法第420条の「損害賠償の予定」であると解釈されています。契約を締結しない場合は、自治法の規定によって入札保証金は自治体の歳入になります。予定通り契約を締結すると、今度は、契約保証金を納付することになりますから、これが納付された場合は、入札保証金は落札者に返還されます。利息は付きません。

　入札保証金の金額は、自治体の規則で定められますが、見積金額の5％以上が基本になっています。現金での納付のほか、入札保証金に代わる担保として、国債・地方債等があります。また、入札保証金の免除制度として、損害保険会社との入札保証保険契約等の利用があります。

② 契約締結時の契約保証金

　自治体契約で、落札者が契約を締結したにもかかわらず、倒産などによって契約内容を履行しない場合があります。このような場合は、事業

のスケジュールに大きな影響が発生し、再度の入札を実施しなければなりません。このような事態に対応するために、**契約保証金制度**が設けられています。目的は、契約相手方の完全な契約履行を確保するもので、**債務不履行の場合は、自治体の被る損害を補てんしようとするもの**です。

　法的な性格は、入札保証金と同様です。したがって、契約を履行せず契約を解除した場合は、契約保証金は自治体の歳入になります。契約を履行し、事業が完了した場合は返還します。利息は付きません。

　契約保証金の金額は、自治体の規則に定められていますが、契約金額の10％以上が基本になっています。現金での納付のほか、契約保証金に代わる担保として、国債・地方債等があります。また、契約保証金の免除制度として、損害保険会社の履行保証保険契約等の利用があります。

➔ 保証金の納付手続きはどうなっている？

　入札保証金及び契約保証金が現金で納付された場合、この収入は「歳入歳出外現金」として経理手続きを行います。これは、職員の給料から天引きされた所得税や住民税を一時的に保管するのと同様の取扱いになります。保証金は約束が守られれば返還されるものですから、一時的な保管金という性格を有するわけです。

　自治体の事務手続きでは、なるべく現金を扱わない方法を採用したほうがよいでしょう。現金を扱うと過不足の発生、紛失、横領などのリスクがあるからです。損害保険会社の発行する履行保証保険契約書など、現金以外の方法を検討すべきです。

　鹿児島県のある市では、2年間で計4回にわたり受注業者から市に納付された契約保証金約285万円の行方がわからなくなっているという事件が報道されています。このような事件が発生しないよう契約保証金の取扱いは慎重に行いましょう。

POINT
👆 事業者に約束を守らせるための保証金制度がある

6 かかった数量に応じて 支払ができる単価契約

→ 総価契約が基本

　自治体が契約をする場合は、**総価契約が基本**となっています。総価契約とは、単価、数量及び契約金額を確定したうえで、締結する契約です。これは特に難しく考える必要はありません。皆さんが日常的に契約している事例は、すべて総価契約です。物品購入契約では、欲しい物品を選択して販売者に申込みをします。物品が届けば購入代金を支払います。この形態が総価契約です。

　総価契約は、自治体の財務会計制度に沿って少し難しい表現をすると、契約によって自治体と事業者に「債権債務」が発生するということになります。契約によって事業者には、物品の納入義務が発生します。納品を受けた自治体は、支払義務が生ずるという意味になります。

→ 数量を確定できないときに便利な単価契約

　自治体では総価契約が基本ですが、例外的に単価契約も行われています。**単価契約は、同一品種・同一規格の物品の購入、同一仕様の製造や修理等が一定期間内に継続して行われる場合で、あらかじめ数量を確定できないときに行われる契約形態**です。

　例えば、庁用車のガソリンの購入契約を考えてみましょう。庁用車が年間で使用するガソリンの量は、あらかじめ確定できません。また、100台の庁用車を所有しているとして、100台の車両ごとにガソリンを入れるたびに契約をしていたら、非常に事務効率が悪くなります。

　そこで、年間のおよそのガソリン使用量を推計して、あらかじめガソリン提供事業者と1リットルあたりのガソリン単価を契約しておきます。各庁用車は、単価契約を締結しているガソリンスタンドで給油することがで

きます。これで事務は効率よく進みます。

➜ 単価契約の適用範囲は幅広い

単価契約の適用範囲は、法令に定めはありません。各自治体の実務に合わせて運用ができます。

運用事例に、日常的に使用する消耗品があります。紙類、紙製品類、文房具、OA用品などの事務用品です。複写機のコピー代金もあります。また、保育園や学校の給食用牛乳、給食材料なども対象になっています。公報の配付業務は、シルバー人材センターや障がい者団体と1部あたりの単価を契約し、業務委託をしているケースもあります。建設現場で使用する砂利・砕石、セメント、作業服等も対象です。漏水修理等の小規模な管路工事や施設の清掃作業なども考えられます。

このように、単価契約の運用は広範囲にわたっています。事務の効率化を進める観点から、適用範囲を工夫することも重要になります。

➜ 単価契約を進めるときの留意点は？

単価契約を進める場合、留意する点がいくつかあります。まず単価契約を締結する契約の相手方の決定方法です。この手続きにあたっては、担当者が勝手に決定することはできません。契約制度の基本である一般競争入札、指名競争入札、随意契約（見積合わせを含む）のいずれかの方法によって、決定することに留意してください（P.44：4章1参照）。

また、年間の発注数量の見込みにも注意を払ってください。年間発注数量の予定よりも実績が半分以下になるようでは、事業者からの期待を裏切ることになるからです。事業者は年間予定数量を前提に単価の提案をしています。さらに、実際の支払手続きは、月単位の請求になることが多いと考えられますから、支払手続きも迅速に進める必要があります。

POINT 単価契約の活用は契約事務の効率化につながる

7 リース契約の性格は 金融取引に近いって本当?

➡ 自治体契約ではほとんどがファイナンス・リース契約

リース契約には、ファイナンス・リース契約とオペレーティング・リース契約があります（P.60：5章3参照）。

図表6-2 ファイナンス・リースとオペレーティング・リースの違い

ファイナンス・リース契約	オペレーティング・リース契約
設備資金導入の資金調達を目的	機械の賃貸借を目的
金融色が強いことが特徴	賃貸色が強いことが特徴
中途解約が禁止	中途解約が可能
費用は借り手が全額負担	借りた分だけの費用を払う

ファイナンス・リース契約の特徴は、金融取引的な要素が強いことがあげられます。また、契約した貸出期間の途中で、契約を解除したいとしても、中途解約が禁止されていることがあげられます。例えば、契約期間中に何度も使うことを見込んで、長期間のリース契約を結んだけれども、実際には数回使用するだけで終わってしまった場合にも、リース契約を途中で解約することはできないことになります。

さらに、大きな特徴として、リース会社が物品等を貸し出すために支払った金額のほぼすべてを借りる側が支払う義務があります。

一方、オペレーティング・リース契約は、ファイナンス・リースとは違って、賃貸色が強いことが特徴としてあげられます。契約期間中であっても、契約を途中で解約することができます。また、リース会社がリースをするために支払う金額を、借りる側が全額負担する必要はありません。そのため、借りる側は、金銭的負担が少なくて済むことが魅力であると言われて

います。この二つは、リース契約をする場合の判断に重要ですが、事務機器などでは、大半がファイナンス・リース契約だと言ってよいでしょう。

→ ファイナンス・リース契約の仕組み

　ファイナンス・リース契約の仕組みはどうなっているのでしょうか。まず、リース対象となる物品等を使用する側をユーザーと呼びます。自治体はユーザーです。ユーザーは、使用する物品等を選択します。この物品等の提供者をサプライヤーと呼んでいます。製造者、メーカーも含まれます。サプライヤーから物品等を購入するのがリース会社です。自社で使用するのではなく、リース物品としてユーザーに貸し出すことを目的として購入します。機器等はサプライヤーからリース会社の指示でユーザーに引き渡され、ユーザーは月額リース料をリース会社に支払います。

図表 6 - 3　ファイナンス・リース契約の仕組み

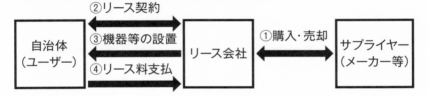

→ ファイナンス・リース契約の法的性格とは？

　ファイナンス・リースの法的性格は少し複雑です。単なる賃貸借契約と違って、「売買的経済効果を持つ金融的賃貸借契約」と言われています。①リース会社がサプライヤーから物品等を購入すること。②ユーザーは資金調達の必要がないこと。③ユーザーは月額でリース料を支払うこと。この三つの要素がファイナン・スリース契約の特徴となっているからです。

POINT
ファイナンス・リース契約の特徴を知ることが重要

8 見積合わせ＝ 「小規模随意契約」のこと

➡ 少額の契約では見積合わせが定着している

　見積合わせは、**少額の契約を行う場合、簡易な手続きで契約の相手方を選定できる制度**です。自治体では、見積合わせによって物品購入契約、施設の修繕契約、小規模の工事契約などが行われています。ところが、自治法では、見積合わせという契約方法は規定されていません。自治体で日常的に行われている見積合わせとは何かを考えてみましょう。

　自治体の契約制度は、一般競争入札を原則とし、例外として、指名競争入札、随意契約、せり売りがあると説明しました。このうち、随意契約（P.48：4章3参照）の運用の一形態として見積合わせがあり、見積合わせは「小規模随意契約」と定義されます。

　この制度が認められている趣旨は、簡潔に言うと**契約事務の簡素化と効率化**です。日常的に必要な消耗品を購入するにあたって、一般競争入札や指名競争入札の手続きを用いた場合、落札者の決定から契約物品の納入までにかなりの時間を要します。そこで、契約制度の簡素化のために、見積合わせが認められているのです。

➡ 見積合わせによる契約ができる範囲は随意契約の一部

　見積合わせの運用にあたっては、見積合わせのできる業務、金額の範囲などを定めた各自治体のルールに従うことになります。ただし、見積合わせは、随意契約のできる範囲に限定されます。したがって、自治令に定める随意契約の範囲を確認しておく必要があります。

　図表6-4は、自治令の規定の一部ですが、大半の見積合わせの実務は、この表の範囲内で行われています。

図表6-4　随意契約の種類と金額範囲

（自治令第167条2、別表第五）

1	工事又は製造の請負	130万円（250万円）
2	財産の買入れ	80万円（160万円）
3	物件の借入れ	40万円（80万円）
4	財産の売払い	30万円（50万円）
5	物件の貸付け	30万円
6	上記1～5に掲げるもの以外のもの	50万円（100万円）

（　）内は都道府県及び政令市

➡ 見積合わせの二つの方法と留意点

見積合わせで契約の相手方を決定する方法は、次の二つがあります。

① 見積書及び提案仕様書によって決定する方法

信頼するいくつかの事業者を指名し、そこから提案仕様書と見積金額の提出を受け、その中から最も適切な業者を選定する方法です。価格が二番手でも提案仕様書が優れた事業者が選ばれることもあります。

② 見積書の金額によって決定する方法

最初に仕様書を確定し、いくつかの事業者から仕様書の条件を満たすことを前提とした見積書の提出を受け、価格競争で業者を選定する方法です。価格競争で決定されることから客観性と透明性のある方法です。

見積合わせは、契約手続きが簡素化され、各担当課で実施できることが特徴です。ただし、いくら手続きが簡素化されていると言っても、契約制度全体の競争性、透明性、公平性、公正性が確保されていなければなりません。担当者が勝手に契約の相手方を決定するようなことがあってはなりません。

また、契約実績を公開することも透明性の観点から重要になります。

POINT

契約事務の簡素化に見積合わせ（小規模随意契約）は有効

9 最低制限価格の設定は 高すぎも低すぎもNG

➡ 最低制限価格の設定のねらいはダンピング防止対策

　最低制限価格は、工事請負契約及び業務委託契約の場合に設定することができます。これは、**入札の結果、落札価格が事前に定めた最低制限価格を下回った場合は、落札できない**という制度です。この目的は、端的に表現すれば「ダンピング競争の防止対策」と言えます。

　ダンピング受注は、価格だけの行き過ぎた競争によって落札しようとする行為です。**公共事業におけるダンピング競争は、結果的に手抜き工事、下請けへのしわ寄せ、労働条件の悪化、安全対策の欠如などにつながり、公共工事の質を低下させます。**また、ダンピング競争は、建設業全体の健全な発展を阻害すると言われています。発注側の自治体にとっても施工監督などのコスト増加につながることも考えられます。

　その対策として、最低制限価格制度が設けられたわけです。

　最低制限価格制度のもとでは、入札参加者は、予定価格と最低制限価格の間の額で入札をしなければなりません。

➡ 最低制限価格の設定には予定価格が重要！

　予定価格は、予算の範囲内で設定される契約の上限額ですが、最低制限価格の設定にあたっては、この予定価格との関係が重要になります。例えば、「予定価格の80％から90％の間で最低制限価格を設定する」といったように、最低制限価格は予定価格の一定割合で設定されるからです。

　予定価格の適正化と最低制限価格制度はセットで考えていく必要があります。80％や90％といった割合の設定は、各自治体の判断になりますが、その判断の参考となる「中央公契連モデル」というものがあります（図表6-5参照）。これは、国等の関係機関が設定した基準です。

現在のモデルでは、積算額（図表6-5の①から④）の合計が10分の9.2を超えた場合は、9.2とすることになっています。これを参考にすると、最低制限価格は、予定価格の92％となるわけです。

図表6-5　中央公契連モデル

（令和4年3月4日最終改正）

①	直接工事費の額に10分の9.7を乗じて得た額	※　合計額が10分の9.2を超える場合は10分の9.2とする。 ※　合計額が10分の7.5に満たない場合は10分の7.5とする。
②	共通仮設費の額に10分の9を乗じて得た額	
③	現場管理費の額に10分の9を乗じて得た額	
④	一般管理費の額に10分の6.8を乗じて得た額	

中央公契連（中央公共工事契約制度運用連絡協議会）決定

➔ 変動型最低制限価格の活用で公平性を高める

　最低制限価格は、事前公表をする場合でない限りは秘密事項です。絶対に漏らしてはなりません。事業者は最低制限価格を予測しますから、実態として入札額が最低制限価格の真上に集中し、同額になる現象も起きています。そうすると、落札者をくじ引きで決定しなければなりません（P.90：6章11参照）。

　これらの対策として、**変動型最低制限価格制度**を運用する自治体があります。これは入札結果によって、最低制限価格を決定するもので、事業者が最低制限価格を事前に予測することが不可能になるわけです。これも契約制度の運用を自治体が工夫した事例と言えます。

POINT

最低制限価格の設定はダンピングの防止対策の一つ

10 安いのには訳がある!? 低入札価格調査制度

→ 安心して契約できる相手かどうか調査する

　低入札価格調査制度は、最低制限価格制度と同様に、ダンピング競争の防止対策です。ダンピング競争は、「安かろう悪かろう」につながり、決して良い結果を生みません。特に、公共工事の場合は、簡単にやり直し工事ができませんから、安心して受注できる落札者の決定が重要になります。

　低入札価格調査制度では、まず低入札調査基準価格を設定します。この基準価格を下回った入札額は、最低制限価格と違って、自動的に失格にはなりません。**自治体が基準価格を下回った理由を調査**し、手抜き工事、下請けへのしわ寄せ、労働条件の悪化、安全対策の欠如などの心配がなく、想定した公共工事の質を確保できることを確認できた場合は、落札者として決定し契約を締結します。

　決定にあたっては、事業者から、調査基準価格を下回った理由について、調査票などの提出を求め、ヒアリングを実施し、客観的な判断を行う必要があります。決して恣意的な判断があってはなりません。

　では、基準価格を下回ったにも関わらず、問題なく公共工事を行えると判断された事例には、どのようなものがあるのでしょうか。具体的な例をいくつか紹介します。

① 工事現場の近隣に資材置場が確保されており、経費を少なく見積もることができる。

② 工事に必要な資材の在庫が既に確保されている。また、価格の安いときに仕入れを行っている。

③ 工事現場と事業者の事務所が近く、車両の燃料などの経費の削減を図ることができる。

④ 単独企業の受注ではなく、事業者がメンバーとなっている事業組合

が受注するので、利益をストックする必要がなく、受注額を低く抑えることができる。

このように低価格で工事を請け負える具体的理由が確認できれば、安心して契約ができるわけです。

➋ 低入札調査基準価格の設定には予定価格が重要！

低入札調査基準価格の設定にあたっては、最低制限価格制度と同様に、予定価格との関係が重要になります。予定価格の一定割合で設定されるからです。例えば、「予定価格の80％から90％の間で設定する。」といった基準を自治体が設けることになります。

もし予定価格が適正でなければ、当然、低入札調査基準価格も適正にならなくなります。低入札調査基準価格は、最低制限価格制度と同様に、中央公契連モデル（P.87：図表6-5参照）を参考に、各自治体が決定します。

➋ 最低制限価格制度と低入札価格調査制度の共通点は？

両制度の目的は、ダンピング競争の防止だと説明しました。適正な価格競争が必要なことは言うまでもありませんが、過度なダンピング競争は避けなければなりません。最低制限価格制度、低入札価格調査制度のいずれも運用していない自治体は、ぜひいずれかの制度の運用を検討するとよいでしょう。

また、最低制限価格及び低入札調査基準価格は、公共工事だけでなく業務委託契約でも設定することが可能です。

令和4年度、ある県の都市公園内の公共トイレの設計業務委託で1円入札があったようです。最低制限価格は設定されていませんでした。設計業者にどのような意図があったかは不明ですが、このような入札が適正な競争と言えるかどうかには疑問が残ります。

POINT 低入札価格調査制度で公共工事の質を確保する

11 くじ引きで落札者を決定する

➡ 入札額が同額の場合はくじ引きで落札者を決定

　自治体の入札では、複数の入札者の入札額が同額になることがあります。この場合、入札をやり直すことは合理的ではありません。再度の入札でも同額になる可能性があるからです。そこで、自治令には、**入札額が同額の場合は、くじ引きによって落札者を決定する**と規定されています。

　そもそも、なぜ同額入札は発生するのでしょうか。同額入札は、主に公共工事の競争入札で多く発生しています。実際の事例では、最低制限価格と同額の入札が38者にも上ったケースがあります。くじ引きで落札できる確率は、38分の1ということになります。

　この原因は、民間企業向けに販売されている「公共工事積算ソフト」にあると言われています。このソフトは積算の条件や、積算単価を入力することで、予定価格や最低制限価格を計算してくれます。複数の事業者が同じソフトを使用すれば、結果が同じになるというわけです。

➡ くじ引きの方法はいくつかある

　同額入札の場合、くじ引きを行いますが、くじ引きの方法は定められていません。「あみだくじ」でもいいのですが、間違いや不正があってはなりません。電子入札の場合は、入札参加者に3桁の任意の番号を電子入札システムに入力させる方法が一般的です。くじ引きはシステム化されていますから、公正に運用され、不正が入り込む余地がありません。

➡ くじ引きによる落札者決定の弊害とは？

　くじ引きによる落札者の決定には、予定価格や入札額などの発注規模による制限はありません。極端なことを言えば、数百億の入札であっても、

同額の入札の場合はくじ引きによって落札者が決定されます。しかし、くじ引きで落選した事業者の心情を考えれば、泣くに泣けない結果でしょう。

東京都のある市では、道路工事の指名競争入札で、3者のくじ引きが行われました。予定価格は3億数千万円でした。入札の結果、地元企業として長い間、地域に貢献してきた事業者は落選し、初めて指名競争入札に参加した他市の事業者がくじに当選し、落札者になりました。

自治令の規定によるくじ引きですから、落札結果を覆すことはできません。ただ、長年地域に貢献してきた事業者の心情を考えると、3億数千万円の契約がくじ引きで決定されることに納得はいかないでしょう。このように、くじ引きでの落札者決定は**事業者への入札制度への不信感を増大させる**ことにもつながります。

➔ くじ引きによる落札者の決定を減らすためには

実際に年間を通して、くじ引きが常態化している自治体もあります。10者程度でのくじ引きであれば、やむなしという考え方も成り立ちますが、高額の公共工事の落札者がくじ運で決まるのは、落選した事業者の心情を考えれば、良い方法とは言えません。

そこで、自治体では、くじ引きによる落札者決定を減少させようとする動きがあります。その具体的な方法は二つあります。一つは、後述する**総合評価方式**を採用することです（P.108：7章4参照）。これは価格だけではなく、技術力などを点数化し高い点数の事業者を落札者とするものです。もう一つは、**変動型最低制限価格制度**の運用です（P.86：6章9参照）。この方法では、最低制限価格を予測できないので、くじ引きは大幅に減少します。

POINT 🖕 くじ引きによる落札者の決定には多くの問題がある

12 前払金制度の運用で工事が円滑に進む

→ 工事契約では事業者から前払金の請求ができる

　自治体の工事請負契約では、契約後に一定額を前払いする制度があります。落札事業者が前払いを希望する場合は、契約締結前に調整を行い、契約書の中に、具体的な金額を明記します。

　これを**前払金**と呼び、その仕組みは次の通りです。

① 　落札事業者と保証事業会社が保証契約を締結する。
② 　保証事業会社と落札事業者が口座を開設している金融機関と業務委託契約を締結する。
③ 　自治体が契約に基づく前払金を金融機関の口座に振り込む。
④ 　落札事業者が金融機関に払出請求を行う。
⑤ 　保証事業会社の了承の下で、金融機関が落札事業者に払出しを行う。

図表6-6　前払金保証制度の仕組

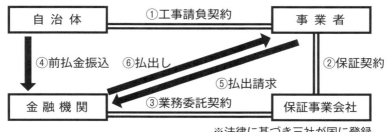

この仕組みでは、落札事業者は保証事業会社に保険料を支払います。保証事業会社は、この保険料を基に、自治体に対して前払金を保証することになります。仮に自治体が前払金を支払ったにも関わらず、落札事業者が倒産した場合、支払った前払金を保証事業会社が負担してくれるので自治

体もリスクを回避することができます。ただし、落札者の決定は、倒産するようなリスクのある事業者を選定しないことが基本になることは言うまでもありません。前払金の限度額は、自治規則の附則の規定によって、契約額の4割に定めている自治体が大半です。

➡ 前払金制度のメリットは？

① **自治体としてのメリット**
  ・受注者の金利負担分の積算が不要になり、その分工事費が節減される可能性がある。
  ・工事の着工、施工に必要な資金を前払いすることにより、適正な施工が確保される可能性がある。
  ・部分払の際に行う工事出来高検査など、事務手続きが軽減される。
② **事業者としてのメリット**
  ・前払金によって、低廉な保証料で着工資金を円滑に調達できる。
  ・前払金によって、下請企業や資材を早期に手当てすることができる。
  ・前払金保証には保証人や担保を設定する必要がない。

➡ 前払金の支払いは支出の特例に該当する

　自治体の公金の支出は、**確定払いが基本**です。確定払いは、①債務金額が確定、②債権者が確定、③履行期限の到来の三つが条件です。前払金は、工事が完了する前に支払われるので、履行期限の到来の前に支払う支出の特例として位置付けられています。支出の特例は、自治法に六つの制度が認められています。資金前渡、概算払、前金払、繰替払、隔地払、口座振替です。このうちの一つが前金払です。
　工事請負契約の前払金は、支出の特例に数えられる前金払だということになります。

POINT 　工事代金の前払金制度は事業者にメリットがある

13 公共工事に配置される監理技術者とは

➡ 公共工事では専任の監理技術者の配置が必要

　自治体が発注する建設工事では、工事一件の請負金額が4千万円（当該建設工事が建築一式工事である場合は8千万円）以上の場合、事業者には、専任の監理技術者の配置が必要になります。

　この目的は、工事の安全対策です。

　自治体の公共工事は、住民の安全安心な生活維持に必要不可欠です。道路や公園の整備をはじめ、上下水道の整備、小中学校の整備、庁舎の整備なども行政サービスの提供には欠かせません。大規模災害からの復旧工事は、住民の日常生活を取り戻すために、特に工期の短縮や安全な施工管理が求められます。工事中に事故が発生したり、施工手順の間違いなどで完成が遅れたりすることがあってはなりません。

　以前、東京都のある市のごみ処理施設の建設事業において、初期の工事でダンプカーによる小学生の死亡事故が発生しました。工事は数か月にわたってストップしました。事業者の工事の安全対策が議会で厳しく追及され、現場責任者の安全対策が問われることになりました。

　順調な施工のためには、このような事故を未然に防止するための安全対策とともに、**現場における発注側の責任者と受注側の責任者の調整**が重要になります。そのため、発注側の自治体は、**現場監督員**を配置します。受注者側には、**現場代理人**と**監理技術者**の配置を求めます。このような体制によって公共工事はスムーズに進むことになるわけです。

➡ 監理技術者の役割と資格とは？

　監理技術者は、施工にあたって、技術上の管理をつかさどる技術者です。監理技術者の職務は、施工計画の作成、工程管理、品質管理、その他の技

術上の管理及び施工に従事する者の指導監督です。当該工事の総責任者ということになります。

　監理技術者は、工事の完了までに、様々な重要な役割がありますから、より厳しい資格や経験が求められます。発注者の自治体は、工事現場にベテランの監理技術者が配置されることによって、安心して工事を任せられることになります。

　建設業法では、専任の監理技術者は、監理技術者資格者証の交付を受けている者から選任しなければならないとされています。では、監理技術者資格者証の交付を受けるためには、どのような手続きが必要になるでしょうか。

　監理技術者になるためには、まずは定められた国家資格等が必要になります。一級土木施工管理技士、一級建築士などの国家資格を言います。

　さらに、監理技術者資格者証の交付を申請するためには、指定された研修機関の講習の受講が必要です。この講習を受講したうえで、一般財団法人建設業技術者センターに申請します。この財団は、監理技術者資格者証の交付と更新に関する事務を行う唯一の指定資格者証交付機関になっています。

➜ 監理技術者は二つの現場を兼務できる

　公共工事には専任の監理技術者の配置が必要ですが、**二か所の現場に限って兼務が認められています**。これは、建設業法の改正によって、令和2年10月から実施されました。兼務の条件は、現場に「技士補」が配置されることです。技士補は土木施工管理技士等の国家試験の一次試験に合格した者とされています。監理技術者が少ない中で、以前から建設業界から要望されていた事項です。公共工事請負契約の規制緩和の一つと言えます。

POINT　監理技術者の配置により、安全に工事が施工される

14 契約の履行完了時には 検査が必要

→ 工事の完成後、検査員が工事内容を検査する

　自治体の工事請負契約では、完成した道路や建築物の検査を実施します。

　これは、皆さんの日常生活の契約でも同様のことが言えます。仮に皆さんが、家の新築を事業者と契約したとします。契約通りに家が完成したら、完成した家が設計図通りに施工されているか、水回り、使用している素材、部屋の空調、台所の機能の点検など、皆さんが依頼した内容が施工されているかを確認します。いったん完成した家は長く使用しますから当然のことです。

　公共工事の場合、事業者は工事等が完成した場合、自治体に工事の竣工届を提出します。この届を受けた自治体は、迅速に竣工検査を行う必要があります。この竣工検査を担当する職員を**検査員**と呼んでいます。

　検査員の資格は特に定めがありませんが、専門的な知識が無ければ、手抜き工事などを発見できません。また、建築工事と土木工事では、検査技術の視点が異なります。したがって、検査員には、その専門性と経験が問われることになります。

　検査員は、施工業者の契約上の責務を検査することになります。契約上の責務を果たさないことを**契約不適合責任**と言います。これが発見された場合は、手直し工事を指示します。場合によっては、手直し工事に相当の期間を要することも考えられます。

　技術力の高い事業者を選定しないと結果的にこのような不十分な施工が行われ、工期の遅れを招き、施設等の利用開始が遅れることになります。

　過去には、甘い検査で合格させた不適正事例があります。このような手抜き検査があってはなりません。手抜き工事を見逃すと、その影響はすぐには表面化しませんが、数年後に表れることもあります。

近年、自治体の現場では検査員が不足しています。検査員の多くは、定年を迎えた技術系職員が担当するケースが多いと考えられます。

　さらに、建築と土木の両方の検査技術を持っている職員がいないという問題もあります。このような場合、竣工検査の適正化の観点から、検査業務を外部に委託する方法も考えられます。

➡ 業務委託契約、物品購入契約は担当者が契約の完了を確認

　業務委託の完了や物品等の納品確認も大事な業務です。この業務を担当する職員は**検収員**と呼ばれるケースが多く、納品検査、業務検査を担当します。業務が広範囲にわたっているので、検収員は、各担当課の庶務係長が担当するケースが多いと考えられます。

　工事や業務委託の完了検査及び物品の納入確認には、確認の期限が設けられています。支払遅延防止法では、**公共工事の場合は、竣工届が提出されてから14日以内**に検査を行わなければならないと規定されています。**委託や物品の納入は10日以内**となっています（P.136：8章3参照）。この手続きは、迅速に行う必要があります。この後には支払手続きがあるからです。

➡ 架空納品などの不正事件を防止

　最近、複数の自治体で架空納品という不正事件が発生しています。物品発注を繰り返し、納品が無いのに納品検査を完了させ、公金を支払う手口です。プールされた資金は飲食や職員の物品購入にあてられます。

　これは業者と職員が結託をした不正事件で、詐欺という犯罪になります。このような不正を防止するために、適正に納品確認を実施する必要があります。

POINT 検査には手抜き工事や架空納品を防ぐ役割がある

15 工事成績評定＝ 公共工事の「成績表」

➜ 公共工事の完了後には工事の成績表を作成する

　公共工事は、竣工後に検査員による完了検査が行われ、工事代金の支払いが行われます。同時に、完成した工事に対して、100点満点で工事の成績表を作成します。これを**工事成績評定表**と言います。

　完成した工事の成績表ですから、80点以上の高い点数を取得できれば、当該事業者の評判が高まり、その実績が蓄積されることになります。逆に検査は合格しても成績が50点となれば、技術力に問題があるのではないかといった低い評価が定着します。

　したがって、工事の成績評定の結果について、施工事業者は非常に高い関心を持つことになります。これを踏まえ、評価する自治体側では、透明性のある公平な成績表定を行う必要があります。決して恣意的に点数を付けることがあってはなりません。

　この制度は、公共工事の品質確保とともに、受注者の適正な選定等に資することを目的として行われるものです。平成17年度に施行された品確法の趣旨を具体化し制度化したもので、市町村向けに国が評価基準を示しています。

　評価項目は、①基本的な技術力と成果の評価、②技術力の発揮、③創意工夫と熱意、④社会的貢献、⑤法令遵守等に分けられています。配点が大きい項目は、①の基本的な技術力と成果の評価で、95点が配分されています。内容は「施工体制」「現場管理」「施工管理」に分かれています。施工体制全般、安全衛生管理、品質管理、出来ばえなどの項目から構成されています。点数配分を見ると、工事の技術力など、実績評価に重点が置かれていることがわかります。

➡️ 工事成績評定は誰がどのように行う？

　では、工事成績評定は誰が担当するのでしょうか。重要な書類になりますから、自治体の担当者一人で成績を付けることは避けなければなりません。そして、何よりも客観性と透明性が重要になります。

　多くの自治体では、各評価項目別に評価者を割り当てています。実際の評価者は、検査員、工事担当課の監督員、工事担当課長・係長などが担当します。評価は点数を付けるだけではなく、所見を記述するような仕組みになっています。工事成績評定表が完成したら、これを施工事業者に通知することになります。

　工事成績評定表は、過去の工事実績としてデータが蓄積されますから、事業者にとっては重要です。特に公共工事の実績があり、工事成績評定の点数が良ければ、社会的にその技術力が高く評価されます。

　成績評定は、評価基準等の透明性が重要になります。その透明性を説明するうえでも、工事成績評定の評価基準や評価の手順等について、ホームページで積極的に公開することが重要になります。

➡️ 工事成績評定は今後の入札に活用される

　工事の評定結果は、様々な分野で活用されます。公共工事の場合は、その後の他の公共工事の入札や契約にあたって、過去の工事実績や工事成績を活用した技術審査に活用されます。実績が高評価であれば、安心して次の工事も任せられるということになります。

　具体的には、**指名競争入札の指名基準や工事請負契約に係る総合評価入札方式の実施などに活用**されています。技術力と実績を高く評価するような仕組みになっているわけです。したがって、透明性のある公平な制度運用が求められます。

POINT
🖐

工事完了後の成績評定は事業者の技術力を表す

トラブル事例

排水路工事の予定価格にミス、入札が中止

　京都府のある自治体では、令和4年8月21日、排水路改修工事の入札について、事前に公表していた予定価格に誤りがあったため、入札を無効にしたと発表しました。

　入札は、参加希望型指名競争入札で実施され、市内の22事業者が参加しましたが、落札業者の決定後に、職員が予定価格を点検したところ、ミスが発覚したとのことです。

　原因は、積算の際に適用する工種区分を間違えていたことで、正しい金額は、事前に公表していた1,850万7千円より1,000円安かったことがわかり、入札を無効と決定し発表しました。

　しかし、落札していた業者に説明できていないとの理由で、同日のうちに無効の発表を「保留」に変更しました。そして、5日後に「落札事業者に謝罪して納得いただけた。」として再度、無効にしたことを発表しました。

　発表によると、この工事の工期は、約5か月を予定していました。今後、再入札（日時未定）を行うため工事は遅れるとのことです。

　この事件は、悪意のない単純な事務的ミスですが、その後の影響が非常に大きいものになっています。落札者に対しての信頼関係にも大きな影響があります。さらに、ミス発生後の対応が不適切だったことも指摘されています。落札者の理解が得られたことから、結果としては良かったと思われますが、トラブルが長引くことも想定された事件です。

　似たような事件は過去にも発生しています。予定価格をオーバーしているのに落札宣言したケース、最低制限価格を下回っているのに落札宣言したケース、発注仕様書にミスがあって見積合わせが中止になったケースなどが報告されています。契約事務のミスは影響が大きいことから十分注意しましょう。

第 7 章

事務効率化&企業振興を叶える！

契約制度の
徹底活用術

1 少額の物品購入などに限り契約書の省略が可能

➔ 契約書の作成が省略できるルールがある

　自治体契約では、契約書の作成が必要です（P.40：3章5参照）。しかし、少額の消耗品などの購入に際し、契約書をその都度作成することは、事業者にとっても、自治体の担当者にとっても負担になります。そこで、自治体の実務では、**各自治体が契約事務規則又は財務規則に規定して、契約書を省略できるルール**を設けています。

　契約書を省略する場合、契約内容のわかる書類が全く存在しないのでは実務に支障があります。そこで、契約書を省略した場合は**請書の作成**をルール化しています。

➔ 請書や見積書による契約の進め方

　契約書を省略した場合は、請書を作成します。請書には事業者だけが記名押印します。請書は、契約書とは異なりますが、契約書と同じように、請書に記述されている内容を守らなければなりません。これを民法の理念では「信義誠実の原則」と言います。契約は、契約者同士の信頼関係があって、初めて成立するわけです。この点では契約書の作成と大きな違いはありません。

　さらに、**請書の省略**を規則に位置付けている自治体もあります。請書を省略すると、見積書によって実質的な契約実務を行うことになります。

　例えば、自治体でコピー用紙などの消耗品が必要になったとします。このような物品の購入にあたっては、見積合わせを行うことが一般的です。数者からの見積合わせで落札者を決定します。落札者との間では、契約書も請書も省略します。そうすると、双方の約束を証明できる書類は、見積書のみということになります。この見積書を基に契約行為を行い、物品が

納入されたら、請求書の提出を受け、支払手続きを行います。

　請書の省略は、自治体によって運用に差があります。請書の省略をルール化していない自治体もあります。省略をルール化している自治体においても、20万円以下、10万円以下、5万円以下、2万円以下などの場合に省略できるような運用をしています。

➲ 契約書等の省略はトラブルが発生しない範囲に限定すること！

　契約書及び請書の省略の結果、後日、トラブルが発生しては困ります。したがって、契約上でトラブルが発生しづらい、**少額の消耗品や備品などの購入手続きに限定**することが基本である点に注意しましょう。工事請負契約や業務委託契約は契約書の省略の対象外になります。

　契約書及び請書の省略は、あくまでも実務的な運用であって、法令に定められているわけではありません。したがって、その運用にあたっては、契約上のトラブルが100％発生しない範囲で実施することが重要です。

　仮に物品の納入にあたって、その仕様や金額に双方の主張が異なるような事件が発生したとします。このようなトラブルが発生すると、なぜ自治法に定められた契約書を締結しなかったのかという批判につながってしまいます。この点に留意した運用が大事です。

　また、納品確認事務や支払手続きが遅延しないよう留意してください。遅延が発生すると、事業者との信頼関係を損ないかねません。

POINT

契約書を省略する場合は「請書」を作成することが多い

2 DXの一環として注目！電子入札と電子契約

➡ "DX"の一環として電子入札、電子契約は重要！

近年、自治体のデジタル化が推進されています。これをDX（Digital Transformation：デジタル・トランスフォーメーション）と言います。自治体の業務をデジタル化することによって、業務効率や行政サービスの質を高めようとするものです。

契約事務に関してもデジタル化が進んでおり、参加資格審査、電子入札、電子契約などがあります。しかし、契約事務のデジタル化には、自治体間での取組みに差がみられます。

東京都、神奈川県、北海道など、全国47都道府県の約3分の1は、市町村が共同運営組織を設立して、事業者の参加資格審査と電子入札を実施しています。県によっては、当該県の契約システムに市町村が参加しているケースもあります。また、市町村ごとに単独で資格審査を実施しているケースもあります。

一方、まだまだ小規模の自治体では、電子資格審査、電子入札が実現できていない現状があります。

➡ 電子入札と電子契約とは？

入札事務を電算システムの活用で実施することを、電子入札と言います。電子入札を実施できていない場合は、入札会場を設営して、紙ベースで入札を行うケースもあります。また、入札事業者が入札会場で談合などの情報交換をする事件が発生したことから、顔を合わせない郵送入札なども実施されています。

自治体契約の締結を紙による契約ではなく、電子データで行う方法を電子契約と言います。

自治体契約は、自治法の規定によって、契約書に記名押印することによって成立することになっています（P.40：3章5参照）。同様に電子契約も可能な規定となっています。ところが、自治法は電子契約を可能とする条文になっているにもかかわらず、長らく自治体では、電子契約が実現されませんでした。

　令和3年度、全国の自治体に先駆けて、新潟県三条市が電子契約の実施を発表しました。電子署名などの基準については、従前から、自治規則の規定と総務省の告示で、かなり厳格なルールが定められていました。しかし、世間の電子契約の動向や自治体の意見を踏まえ、**令和3年3月にこの厳しいルールが削除されたことから、自治体契約での電子契約の取組みが可能となりました。**

　この電子契約の条件の規制緩和が行われたことによって、電子契約の実施は全国の自治体に広がりつつあります。今後、自治体は、契約事務のデジタル化を推進し、電子契約を含めた契約事務全体の効率化を図る必要があります。

➔ 電子契約のメリットとは？

　自治体の業務は、申請主義、書面主義、押印主義、対面主義などと言われてきました。契約締結の事務においては、紙ベースの契約書に双方が記名押印します。契約締結のために事業者は役所まで足を運ぶ必要があります。自治体の契約担当者と対面で様々な手続きと調整を行ってきたわけです。

　電子契約の実現は、①書面主義、②押印主義、③対面主義を一気に改革できる可能性があります。事業者にとっても、自治体にとっても契約事務の効率化が図れることになります。

　さらに、電子契約の場合は、どんなに金額が大きくても印紙税の負担がありません。これは事業者にとって大きなメリットです。

POINT 電子入札と電子契約は、事業者・役所双方にメリット大

3 ピカイチの提案を選ぶ プロポーザル方式

➜ プロポーザル方式とは？

プロポーザル方式とは、対象業務に対する発想、課題解決方法、取組体制等の提案を審査し、自治体にとって最も適切な創造力、技術力、経験等を有する**事業者を選定**する入札方式です。

これに対して、**コンペ方式**という手法もあります。対象業務に対する具体的な企画提案を審査し、自治体にとって最も優れた**企画案を選定**する方式です。

自治体の契約では、優れた企画案を提案してくれた事業者を選定することが重要です。この点からは、コンペ方式とプロポーザル方式両方の要素を組み合わせた入札方式が望ましいと言えます。

ところで、プロポーザル方式は、自治法には規定されていません。契約制度上は、どのような位置付けになっているのでしょうか。

プロポーザル方式は、契約制度上は随意契約となります。また、随意契約の中でも、契約の相手方が特定された「特命随意契約」であるとされています。したがって、特定の事業者を選定する事前手続きが重要になります。この事前手続きのことをプロポーザル方式と呼んでいます。

➜ プロポーザル方式の進め方

プロポーザル方式の基本手続きとしては、まず、プロポーザル方式を実施する事業を選定する必要があります。消耗品や備品の購入手続きでは、プロポーザル方式はなじみません。保育園を運営する事業者や介護施設を運営する事業者の選定など、高度な技術や専門性が必要な場合に適しています。また、庁舎や学校の建設事業者を選定する場合にも採用されることがあります。

次に、**事業者を選定する委員会**を設置します。この委員会の審査によって随意契約を締結する事業者を決定することになります。さらに、募集要項と審査基準を決定しておく必要もあります。

　次に、委員会の構成メンバーを決定します。構成メンバーは外部委員を選定するケースが多いと考えられます。自治体内部の職員では専門性や透明性確保などの点が課題になるからです。ただし、電算システムの導入といった事業においては、自治体職員が選定委員会のメンバーになることも考えられます。いずれにしても、透明性のある公平な選定が行われることが重要です。

　選定委員会の審査は、通常は非公開で行われます。書類審査である一次審査とプレゼンテーションの二次審査が行われますが、一次審査は、技術力などを中心に募集条件を満たしているかどうかを点数化して評価します。

　プレゼンテーションの実施は、できれば公開にして、選定の透明性を図るようにしましょう。また、プレゼンテーションでの質疑応答については、正確に記録し、その場で提案者から回答のあった内容は、契約書の一部に盛り込むことが重要です。いくら高評価のプレゼンテーションでも、その約束を契約書上に明記しておかないと、約束を守らないケースが発生するからです。

➡ プロポーザル方式を積極的に活用しよう

　随意契約の公平性・透明性を確保するためにも、あらゆる分野にプロポーザル方式は有効と考えられます。具体例としては、電算システムの開発事業者の選定、保育園運営事業者の選定、介護保険施設の整備事業者の選定、ホームページ管理業者の選定、施設の設計業者の選定、庁舎建設事業者の選定、普通財産売却先の決定などが考えられます。適用範囲の検討を積極的に進めることで、契約制度全体の適正化を進めることができます。

POINT
🖝　プロポーザル方式は優れた業者を公平に選定できる

4 地域経済の振興を図る総合評価方式

→ 総合評価方式とは？

　総合評価方式とは、価格競争だけで落札者を決定せず、事業者の技術力、社会貢献度などの項目を点数化し、価格点との合計で、一番高い評価点の事業者を落札者とする入札方式です。この方式は、一般競争入札、指名競争入札のいずれの場合にも採用できます。

　ただし、総合評価方式は、価格点の算定のために「基準価格」を定めることから、最低制限価格制度及び低入札価格調査制度には適用されません。この点は注意が必要です。

　自治体の入札制度は、あくまでも価格競争が原則ですが、その特例制度として総合評価方式が認められています。自治令にその根拠規定があり、実施にあたっての基本手続きが定められています。

　総合評価方式は、小規模な工事や緊急性の高い防災工事等にはなじみません。総合評価方式では、価格点と技術点の合計で落札者を決定します。

　価格点の決定方法の基本は、まず予定価格と入札額を比較し、入札額が予定価格と同額の場合を0点とします。もちろん、予定価格をオーバーした場合は失格になります。そして、予定価格を下回るほど点数は高くなります。ただし、あらかじめ定めた基準価格を最高点とし、基準価格を下回った場合は、点数が低くなります。下回った場合は失格にする自治体もあります。この考え方は、最低制限価格制度及び低入札価格調査制度の趣旨を踏まえたものと考えてください。

　技術評価点の算定にあたっては、評価項目の設定が重要になります。実際に設定されている項目の事例は、①技術力として、工事成績評定結果、同種工事の施工実績、同種工事の経験、技術者の保有資格などを点数化しています。②社会性（地域性）として、事業所所在地、災害協定の締結、

消防団員の雇用、緊急対応工事の実績などを点数化しています。③社会性（労働環境等）では、労務単価の確保、退職金制度の創設、高齢者・障がい者の雇用などの取組みを点数化しています。

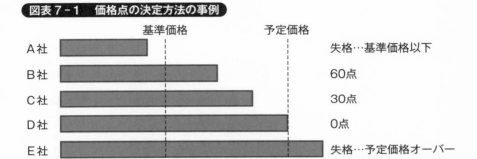

図表7-1　価格点の決定方法の事例

	基準価格	予定価格	
A社			失格…基準価格以下
B社			60点
C社			30点
D社			0点
E社			失格…予定価格オーバー

➡ 総合評価方式のねらいと開始手続き

　総合評価方式は、技術評価点を重要視する制度です。もちろん価格提案も重要ですが、**事業者の技術力、地域貢献度、労働環境改善への取組みを評価することによって、価格競争だけの欠点を補っている**わけです。また、地元事業者を適正に評価し、地域経済の発展と中小企業の成長に寄与できる制度だと言われています。

　総合評価方式を開始する場合、自治令の規定により、学識経験者の意見を聞いて制度を検討しなければなりません。また、実際の運用で落札者を決定する場面でも、原則として学識経験者の意見を聞くことになっています。多くの自治体では、最初は試行的に運用し、その運用実績を評価しながら本格運用を実施しています。契約制度も時代の変化に対応したものでなければなりませんから、常に制度の見直しが重要になってきます。

POINT

総合評価方式は価格と同時に技術力・社会貢献度を重視

5 継続費・債務負担行為の複数年度契約を活用する

➡ 複数年度にまたがるときに便利な制度

　自治体で具体的な事業を企画立案する場合、最初に、事業完了に要する期間、予算、推進手法を検討します。もし、**事業が単年度で完了しないと見込まれる場合、予算編成時点において、継続費又は債務負担行為の手法を検討**します。

　自治体の契約制度は、会計年度に従って契約することが基本です。

　しかし、自治体の行政サービスは、一会計年度で終了するものだけではありません。例えば、ごみ収集業務は毎年継続しています。広報の配布、庁舎の清掃なども同様です。継続した行政サービスの提供には、毎年度、同様の予算を計上し、契約事務を行う必要があるわけです。

　ところが、毎年度同様の契約事務を行うのでは、事務的な負担が伴い、事務効率が悪いということになります。また、庁舎建設や小中学校の建替えなど大きな公共事業は、単年度では完了しません。相当長い工期が設定される公共事業もあります。

　そこで、3～5年間など複数年度の契約ができる制度が用意されています。複数年度契約をするためには、その間の予算を確保し議会の議決を得なければなりません。この予算制度が自治法に規定されています。

➡ 複数年度契約を実施する為の予算とは？

　自治体契約は、歳出予算に基づく**単年度契約**が基本になっています。複数年度の契約をするためには、継続費、債務負担行為を設定する必要があります。

　継続費及び債務負担行為は、いずれも予算の種類ですから、議会の議決が必要な制度です。職員が勝手に運用することはできません。

① 継続費の仕組み

継続費は、事業名、年度、年割額が予算としての議決項目になっています。継続費の運用は、実際には、公共事業などのうち、国庫補助対象事業や地方債対象事業の場合に便利な制度です。契約時に各年度の出来高が契約書に記載されますから、国庫補助金の申請や地方債手続きがしやすくなるわけです。

② 債務負担行為の仕組み

債務負担行為は、事業名、年度、予算の限度額が議決項目になっています。委託事業等の契約に便利です。毎年度、同様のサービスが継続する事業（ごみ収集業務委託・施設清掃業務委託など）について、毎年度の契約事務の効率化、経費の削減などを目的にして、実施されることが多い制度です。

債務負担行為の設定は、図表7-2のように期待される効果もあり、自治体契約の適正化を図る方法の一つとなっています。

図表7-2　債務負担行為で期待される効果

	発注側（自治体）	受託側
事務の効率化	契約事務が数年に一度で済む。	見積り、受託準備が数年に一度で済む。
経費の削減	従来に比較し契約額が下がることが期待できる。	設備投資、人員確保の面から入札額を低く抑えられる。
透明性の確保	債務負担行為の予算審議により内容の透明化が図れる。	入札により、公正性・透明性が図れる。

債務負担行為を設定する事業の選定にあたっては、毎年度、事業の仕様の変更が無いものの中から選定することがポイントです。設定年度は、おおむね3年から5年が望ましいと考えられます。

POINT

複数年度契約には、継続費と債務負担行為を活用

6 包括的管理委託制度で契約事務の大幅減が叶う

➜ 包括的管理委託制度とは？

　近年、自治体では、多くの公共施設の維持管理を推進するために包括的管理委託制度が運用されています。この制度は、国においても実施されていますが、端的に定義すると**公共施設の維持管理に必要な複数の業務を、複数年度の契約で包括的に民間委託する制度**と言えるでしょう。

　小中学校を例に考えてみると、従来、自治体は、清掃、修繕、点検それぞれを担っている事業者と、個別に単年度の契約を結ばなければいけませんでした。一方、包括管理委託制度は、施設の維持管理に関わるすべての業務を代表の1者と複数年度で契約します。結果として、契約事務を大幅に軽減することができます。

　通常、公共施設の維持管理には三つの方法があります。

①　自治体職員が直接維持管理を担当する（直営）。
②　維持管理業務の一部を委託する（外部委託）。
③　指定管理者に維持管理と運営を任せる（自治法の規定による指定管理者制度）。

　これ以外に検討されてきたものが包括的管理委託制度です。包括的管理委託制度は、施設の維持管理が中心で施設の運営は含まれません。この制度のねらいは、自治体契約事務の効率化と、民間企業のノウハウを施設の維持管理に活用するものです。様々な施設の維持管理を複数年度で契約できれば、事業者の選定と契約事務は大幅に軽減できます。また、選定にあたって、民間事業者の提案などを積極的に取り入れることによって、施設の延命化を図ることも可能になってきます。

➡ 包括的管理委託制度の対象施設と手続き

　包括的管理委託には、特定の法令の根拠はありません。したがって適用範囲の定めもないことになります。現状においても、「下水道」「道路」「河川」「公園」「空港」「港湾」「小中学校」「公の施設」など広範囲にわたって運用されています。

　実施する場合、まずは、対象施設及び対象事業を選定する必要があります。この場合、自治体の将来を見据え、施設そのものや事業の見直しを行うことが重要です。数年後に廃止する施設は、包括的管理委託には含めないということです。

　次に、対象事業が地域の実態を反映したものかどうか、検討しなければなりません。利用者や地元事業者など関係者の意見を聞き取り、事業内容に反映するよう努める必要があります。これをサウンディング調査と呼んでいます。

　事業者の選定にあたっては、1者（幹事会社）を選定し契約しますが、この幹事会社を通じて、地元事業者を参画させる制度を検討することが極めて重要です。地元事業者の参加機会の拡大によって、地域経済の活性化につながるよう十分配慮する必要があるわけです。

➡ 包括的管理委託制度の運用事例に注目！

　包括的管理委託制度は、全国の自治体で積極的に採用されています。東京都東村山市は平成31年度から3年契約で制度を開始し、600の事業を1本の契約として事業者を選定しました。この事業者を通じて、具体的な個々の業務は地元事業者にも発注されています。

　契約事務の負担については、5万7千時間の軽減が図られたと分析しています。大きな効果が期待できる制度だということがわかります。

POINT 包括的管理委託制度で施設の有効活用をすすめる

7 共同企業体(JV)は中小企業の参加拡大につながる

→ 共同企業体(JV)とは？

　共同企業体はJV（Joint Venture：ジョイント・ベンチャー）と呼ばれます。通常の公共工事は、建設事業者が単独で受注及び施工を行います。**共同企業体は、通常の場合とは異なり、複数の建設事業者が、一つの公共工事を受注、施工することを目的として形成する事業組織体のこと**です。民法上の「組合」に該当するとされていますが、法人格を持ちません。

　共同企業体に関しては、その取扱いについて、国からいくつかの通知が出されていますが、運用にあたっては、自治体の規則・要綱・規程いずれかに共同企業体の取扱基準を定めておく必要があります。

　規定の内容（項目）の事例としては、①対象工事の範囲、②共同企業体の構成員の資格、③出資比率、④代表者の選定、⑤提出書類、⑥存続期間、⑦連帯責任の規定などが考えられます。実際の制度運用に必要な基本的な項目だと考えてください。

　庁舎建設など自治体が発注する大規模公共工事は、様々な要素が複合した施設として設計されていることが多く、専門工事ごとに分割して発注することが困難な場合があります。

　公共工事を受注する建設業界は、その施工範囲が広いため、技術力の進歩等により総合建設業（ゼネコン）であっても、技術力やノウハウに差が生じています。同じ業種であっても構造物ごとの得手不得手による受注可能分野の偏りが生じることも多いと言われています。

　これを補う手法として、各分野の企業同士が共同企業体を構成することで、一つの工事に対して、**得意分野を共同企業体の構成員が担う**ことができます。結果として、共同企業体の総合的な受注により、円滑かつ速やかな施工を行うことができます。

➜ 共同企業体(JV)の種類は？

　共同企業体の種類には、①特定建設工事共同企業体（特定JV）、②経常建設共同企業体（経常JV）、③地域維持型建設共同企業体（地域維持型JV）、④復旧・復興建設工事共同企業体（復旧・復興JV）があります。

　中でも特定JVは、自治体が地元の中小企業対策、不況対策として結成させることがあります。これは「受注機会増大型JV」「工事分散型JV」とも呼ばれています。

　つまり、**地元事業者が単独で施工できない規模の公共工事に参加できる仕組み**が、共同企業体の結成だと言えるわけです。

　また、施工方式の違いによる分類もされています。①甲型JV（共同施工方式）、②乙型JV（分担施工方式）です。前者は、あらかじめ定めた出資比率に応じて、資金・人員・機械等を拠出して、各構成員が共同施工する方式です。利益の配分も出資比率によるものとされています。後者は、施工上分離できない種類の異なる工事を各構成員が責任を持って分担施工する方式で、利益は工事ごとに清算する方式になっています。

➜ 共同企業体(JV)の義務化とは？

　自治体の公共工事の発注において、共同企業体でなければ参加を認めないという条件を付すことが可能です。これを「共同企業体の義務化」と言います。自治体内の事業者と共同企業体を結成することを入札参加条件にするわけですから、地元事業者、中小企業の公共工事への参画を促し、地元経済の活性化につなげることができます。

　公共工事の担当職員は、事業者の参加資格の検討にあたって、地元事業者の意見反映に努め、多様な入札参加資格を設定することが重要です。その一環として、共同企業体制度の導入も検討する必要があります。

POINT

大型事業の受注に地元企業を参画させるのが「JV」

8 予定価格の適正化を図ることが重要

➔ 「歩切り」は法律違反！

公共工事契約の場合、**予定価格の設定は、設計積算額と同一にすること
が基本**です（P.60：6章1参照）。意図的に設計積算額を低く設定するよう
なことがあってはなりません。

かつて「歩切り」が横行した時代がありました。**歩切りとは、設計積算
額を根拠なく80%や75%に減額する方法**です。この設計積算額の一部を
控除する歩切りについては、法令違反（品確法の規定違反）だとされてい
ます。歩切りが行われた背景には、自治体の財政事情が深く関係していて、
予算削減が組織目標になっていたことが原因の一つです。

一方で、歩切りされた予定価格の範囲で落札した事業者は、契約額の範
囲で収益を発生させる工夫をします。そうすると、粗悪な材料を使用した
り、必要な建物強度を度外視したり、ガードマンの配置をしなかったりと
工事全体に大きな問題が発生します。

予定価格は、自治体の契約事務規則等により取引の実勢価格等を考慮し
て定められるべきものとされています。歩切りが行われれば、結果的に公
共工事の品質や工事の安全の確保に支障をきたすとともに、建設業の健全
な発達を阻害するおそれがあることから、法律で禁止されているわけです。

➔ 予定価格の適正化が重要

予定価格の設定にあたっては、歩切りのような不適正な事務を行わない
ことが基本です。予定価格の設定が適正でなければ、予定価格を基準に設
定した最低制限価格も適正でないことになってしまいます。

予定価格を意図的に低く抑えたり、予定価格の設定にミスが発生したり
すると、入札価格が予定価格を上回り、落札者がいなくなってしまうよう

な事態が発生します。これを**入札不落**と言います。

このような場合、設計積算をやり直し、改めて予定価格を設定したうえで、再度の入札を実施することになります。この間にスケジュールの遅れが生じてしまいます。まずは、予定価格を適正に設定するのが基本であることに十分留意しましょう。

➡ 予定価格には事前公表と事後公表がある

予定価格の事前公表については、法令上の制約がないことから、地域の実情に応じて自治体の判断によることとされています。中には、不正防止のために予定価格の事前公表をしている自治体もあります。事前公表すれば、秘密事項ではなくなるので、特定の事業者に便宜を図る情報漏えい事件は無くなることになります。

しかし、予定価格の事前公表によって、別の問題が発生します。事前公表によって、談合等を助長し適正な競争を阻害することも考えられます。また、予定価格のすぐ下に入札額が集中し、参加者の見積り意欲と経済性も低下することが指摘されています。さらに、入札額が同額になる率が上昇し、くじによって適正な積算をしないものが受注する可能性があります。

予定価格の事前公表とともに、最低制限価格、低入札基準価格の事前公表をどうするかという問題も密接に関係します。いずれも、事前公表に関しての法律上の制限がないので、自治体の判断になります。

適正化指針（P.132: 8章1参照）においては、最近の公共工事の入札をめぐる現状を踏まえ、**予定価格の事前公表については、課題が多い**との認識のもとに、自治体に慎重な判断を求めています。

POINT 予定価格が適正でないと工事が「安かろう悪かろう」になる

9 契約準備期間の活用で 住民サービスの継続を

➔ 年度をまたぐ住民サービスの維持に不可欠

　契約準備期間とは、毎年度4月からの行政サービスの提供に支障が生じないように、1～3月に事実上の競争入札を実施する期間のことです。

　会計年度は、自治法の規定によって4月1日からスタートします。言い換えれば、毎年の自治体の行政サービスの開始日は4月1日ということになります。行政サービスの提供に必要な予算は、毎年度の予算に計上され、3月末までに議会の議決を得て、4月1日から執行されます。

　具体的な事例を考えてみましょう。ごみ収集サービスは住民生活には欠かせないものです。このサービスも4月1日からスタートします。そうすると、ごみ収集業務を委託する事業者を選ぶ必要があります。もちろん、前日の3月31日にもごみ収集は実施されています。これは、会計年度が違いますから、前年度の予算を執行する中で、ごみ収集事業者に委託しているわけです。

　新年度は4月からスタートしますから、新年度の予算を執行する中で、新たにごみ収集委託事業者を選定する必要があります。新たなごみ収集事業者を4月1日に競争入札で選定、その日のうちに契約を締結し、その日からごみ収集業務を開始しなければならないことになります。これは物理的に困難です。

　では、4月1日からごみ収集委託業者の競争入札を実施することを考えてみましょう。一般競争入札、指名競争入札を基本に仕様書を作成し競争入札を実施するためには、手続きが少なくとも数週間必要になってきます。

　そこで、自治体の実務では、**毎年1月から3月の期間を「契約準備期間」と位置付け**、4月1日からスタートする新年度の行政サービスに空白期間が生じないように、実質的な競争入札を前倒しで実施し、契約を締結し

ます。実務としては、契約の履行期間の開始日を４月１日として契約書を作成します。

➜ 契約準備期間の契約は限定的に運用すること！

　契約準備期間の契約は、自治法といった法令に認められた制度ではありません。あくまでも、行政サービスの継続性を維持するための実務的な対応だと考えてください。契約事務が実施できるのは、議決された予算に基づくことが基本です。

　契約準備期間は、まだ新年度の予算編成と議会の予算審議の期間ですから、正確には契約手続きはできないことになります。したがって、契約準備期間の契約手続き案件は、限定的だということになります。具体的には、次のような条件を満たしているかを確認する必要があります。

① 　毎年度継続して提供されるサービスであること
② 　サービスの提供に空白期間が生ずることによって住民生活に支障が生ずるものであること
③ 　契約を行わないと行政事務に大きな影響がある業務であること

　例えば、ごみ収集業務、施設の清掃委託、保育園や学校の給食関係の業務委託や物品等の購入などは、いずれもこの条件にあてはまります。

　学校施設の建替え事業など、サービス停止が即、支障を生じるわけではない契約は対象にはなりません。このような事業は４月以降、議決された予算に基づいて契約事務を進めることになります。契約を前倒しして、１月から３月までに競争入札を実施したい場合は、前年の12月までに継続費や債務負担行為を設定し、議会の議決を得る方法が考えられます。

　また、ごみ収集業務も債務負担行為を設定し複数年度契約を実施すれば、契約準備期間にこだわらず契約事務が実施できます。債務負担行為の積極的な活用を検討する必要があります（P.110: 7章5参照）。

POINT 　住民サービスの継続に欠かせない「契約準備期間」

10 発注時期の平準化は事務効率化と企業支援につながる

➜ 年度末に公共工事が集中するとどうなる？

　従来から、年末や年度末になると道路工事が集中して行われ、歩行者や一般車両の通行の支障になるとの批判がありました。なぜこのような事態が起こるかといえば、一言で言うと自治体に会計年度があるからです。

　道路修繕工事を考えてみましょう。この道路工事の工期を約10か月と想定し、工事費を予算に計上するとします。この予算は議会の議決を得て、4月1日から執行が可能となります。その後、この道路工事の発注方法を4月に決定すると、実際の競争入札は4月末から5月になってしまいます。そして、工期が10か月であれば、契約期間は、5月中旬から翌年の3月中旬までになります。このような道路工事契約が複数実施されると、年度末に工期が集中する現象が発生することになります。

　こういった場合の自治体職員による契約事務の負担を考えてみましょう。会計年度がスタートする4月から5月に契約しなければ、年度内に工事が終わらないとすると、**年度当初に契約事務が集中**します。職員の残業も多くなるでしょう。また、同時期に工事を発注すると、**事業者は手持工事があり、技術者の適切な配置ができず、入札の辞退が発生する**ことも考えられます。

　このような課題に対応するために、工事発注時期の平準化が考えられるわけです。もちろん工事契約だけでなく、委託業務の契約などを含めて、契約事務の平準化を図る必要があります。

　工事請負契約については、自治体は、年間工事予定計画を積極的に公表するよう法令で義務付けられています。この公表にあたって特に留意すべき点は、工事の発注時期の明確化です。この情報によって、事業者側においては、年間受注計画を立てることが可能になります。結果として受注意

欲の向上とともに、年間労働力の平準化、技術者の配置計画を立てることができるようになります。

　予算消化のために、工期の短い工事を年度末に集中して発注する現象もあります。これは、予算残額を消化しないと次の年度に予算が付かないという古い慣習があると言われています。このような慣習を改善すれば、工事の平準化につながります。

➲ 発注時期の平準化の具体的手法 5 選

　適正化指針には、公共工事の発注者が講ずべき措置が挙げられています。

図表 7 - 3　公共工事の発注者が行うべき「さしすせそ」とは？

- ㋚　債務負担行為の活用
- ㋛　柔軟な工期の設定
- ㋜　速やかな繰越手続
- ㋝　積算の前倒し
- ㋞　早期執行のための目標設定

　これらの措置を行うことで、事業者は、準備期間や天候不良なども考慮した適正な工期を確保することができます。

　上記のいずれの取組みも施工時期の平準化を進めるうえで大事ですが、特に、複数年度予算による契約（継続費、債務負担行為）の活用を検討することが重要です（P.110：7 章 5 参照）。継続費及び債務負担行為を活用すれば、例えば道路工事において、工期を 9 月 1 日から翌年 7 月末に設定することも可能です。受注者に配慮するとともに、自治体の契約事務の効率化にもつながる取組みとも言えるでしょう。

POINT　発注時期の平準化には、「さしすせそ」の取組みが大事

公共工事契約では一括下請けはNG

➡ 公共工事の一括下請けは法律で禁止されている！

　建設業法第22条の規定によって、公共工事の一括下請けは禁止されています。**一括下請け禁止の大きな理由は、発注者を保護するためです。**どういうことか具体的な事例で説明します。

　自治体が小学校の建築工事を発注し、A事業者が落札したとします。一般競争入札であっても指名競争入札であっても、入札参加者の技術力や経営力、工事実績などの参加資格を確認したうえで競争入札が行われ、A事業者が落札者として契約が締結されます。

　ここで、仮にA事業者が、受注工事を一括してB事業者に下請け発注したとします。自治体がB事業者の参加資格を確認するタイミングはありません。そうすると次のような問題が発生します。

①　自治体は、A事業者の技術力や実績を信頼して発注しており、その期待を裏切ることになる。

②　B事業者などに下請け発注が繰り返されると責任の所在が不明確になる。

③　実際に工事をしない仲介業者が利益を搾取することになる。

　このような問題を防止するために、建設業法は、一括下請けを禁止しています。この禁止法令によって、自治体は安心して落札者に工事を発注できるということになります。

　皆さんの私生活でも、自宅の建設を契約した事業者が、その工事を全く知らない事業者に丸投げしたら、不安になるでしょう。契約内容がきちんと履行されない心配もあります。

　なお、建設業法では、違反行為については、国の定めた基準により、監

督処分が行われます。監督処分は、行為の態様、情状等を勘案し、再発防止を図る観点から、原則として営業停止の処分が行われます。

　工事契約において一括下請けは禁止されていますが、部分下請けは認められています。建設業許可には、一般建設業許可と特定建設業許可がありますが、元請業者になって下請け工事を発注するためには、特定建設業許可が必要になります（P.134：8章2参照）。

　自治体は、より大きな工事を発注する相手方が、特定建設業許可を取得していれば安心できます。下請け工事も含めて、元請事業者が全責任を果たす仕組みになっているからです。

➡ 業務委託契約などの場合も一括下請けは禁止なのか？

　それでは、業務委託契約や物品購入の契約について、一括下請け禁止などの法の定めはあるのでしょうか。工事請負契約以外の契約では一括下請けの禁止が規定されている法律はありません。

　この問題に対して自治体では、公共工事の一括下請け禁止と類似した禁止事項を設けている事例があります。

① **相互下請けの禁止**
　　工事契約の場合、契約者が入札参加者である非落札者に下請け工事を請け負わせること。

② **相互供給の禁止**
　　物品購入、委託業務の場合、契約者が競争相手であった非落札者から契約の履行に必要な物件又は役務の提供を受けること。

③ **一括再委託の禁止**
　　公共工事と同様に委託契約等を一括下請けすること。

　いずれも、各自治体の取扱規定によるものです。特に必要がある場合は、当該自治体の承諾を必要としている例もあります。

POINT　工事の責任を明確にするため一括下請は禁止されている

12 CM方式とVE方式の活用で公共事業の質を高める

→ CM方式とは？

　CM（コンストラクション・マネジメント）方式とは、**大型公共事業において、専門家から契約方法のアドバイスを受け、自治体が具体的な発注方式を決定する仕組み**です。近年、CM方式を採用する自治体が増加しています。

　庁舎建設や小中学校の建替え工事などは、工事費が多額になり技術力も重要になります。また、発注側の自治体では、予定価格の設定やコスト削減が施設の設計業務に反映されることを期待します。また、利用者にとって高い評価が得られる設計も期待します。さらに、一般競争入札、指名競争入札など契約手法の選択も課題です。総合評価方式、プロポーザル方式を組み合わせる効果の検証も必要です。

　これらの課題に対応するには、職員だけの経験では判断が困難なこともあります。実際、庁舎建設事業を進めるにあたり、行政判断だけで、基本設計、実施設計の完了後、制限付き一般競争入札を実施した結果、応募事業者がゼロだった事例もあります。いわゆる契約不調になったわけです。このような問題を発生させない方策として、CM方式が有効と考えられます。

　CM方式は、自治体がCMR（コンストラクション・マネージャー）の資格を持つ社員のいる設計会社やコンサルタント会社を選定します。この企業をCM業者と呼んでいます。自治体は、CM業者から建設工事の具体的なアドバイスを受けます。契約形態は、業務委託契約になります。委託先のCM業者は、自治体の補助者・代行者であるCMRが、技術的な中立性を保ちつつ自治体側に立って、設計の検討や工事発注方式の検討、工程管理、コスト管理などの各種マネジメント業務の全部又は一部を行います。また、具体的な契約方式を採用した場合の市場調査も実施することから、

実際の競争入札での不調や不落のリスクが大幅に軽減されます。また、コスト削減の助言によって、イニシャルコストの削減だけではなく、将来のコスト（ライフサイクルコスト）の削減にもつながります。

図表7-4　CMRのマネジメント業務の主な内容

設計段階	①設計候補者の評価、②設計の検討支援、③設計ＶＥ等
発注段階	①発注区分・発注方式の提案、②施工者の公募・評価、③工事価格算出の支援、④契約書類の作成支援等
施工段階	①施工者間の調整、②工程計画の作成及び工程管理、③施工者が行う施工図のチェック、④施工者が行う品質管理のチェック、⑤コスト管理、⑥発注者に対する工事経過報告、⑦文書管理等

→ VE方式とは？

　CM方式と同様に専門家から提案を受ける方法として**VE（バリュー・エンジニアリング）方式**があります。公益社団法人 日本バリュー・エンジニアリング協会が資格認定試験を実施しているVEL（リーダー）やVES（スペシャリスト）が在籍している設計会社等と委託契約を締結します。委託契約によって、ライフサイクルコストの削減に関わる具体的な助言が得られます。

→ 大規模な契約にはCM方式及びVE方式の積極的検討を！

　大型公共事業において、入札不調や入札不落があってはなりません。また、完成した施設のランニングコスト削減も重要な課題です。スケジュールが遅延すれば、無駄なコストが発生するとともに、住民の期待を裏切ることになります。これを避けるためにも、CM方式やVE方式の積極的な活用検討が望まれます。

POINT
CM方式は不調・不落防止に、VE方式はコスト削減に貢献

13 地域に合った契約制度を定める公契約（公共調達）条例

→ 公契約（公共調達）条例とは？

　公契約（公共調達）条例とは、地域の実情に合わせた契約制度の確立を目的とし、既存の法令ではカバーしきれない契約のルールなどを定めた条例です。

　自治体の契約制度の根拠法令は自治法ですが、詳細なルールまで自治法や自治令に規定されているわけではありません。また、自治体の契約制度の運用は、その地域の特性を反映して運用されている場合も多くあります。

　競争入札を実施しても、その地域に受注できる事業者がいなければ、地元事業者優先の契約制度の運用はできません。地元事業者の育成が重要な課題になるわけです。逆に事業者の数が非常に多い場合、一般競争入札を実施すれば、資格審査に職員の負担が生じます。また、くじ引きが多く発生することも考えられます。このように、自治体の契約制度の課題は広範囲にわたっています。

　そこで、契約制度の課題を明確にし、その解決を図るためのルール作りが重要になります。実務としては、契約事務規則ないし財務規則を定め、要綱や規程の形でルール化を図っていますが、特に重要な事項については、担当者や議会の議員が変わってもルールを継続するための形として、条例制定という方法をとることがあります。

　公契約条例の具体的な内容のポイントは次の3点です。

① 賃金条項の規定によって**下請け企業**まで**適正な賃金**を保証する。

② **地元経済の活性化**のため、受注先を地元企業優先の仕組みを作る。

③ 契約制度全体の**透明性、公正性**を図り、**契約事務の効率化**を進める。

➜ 公契約（公共調達）条例の実例に注目！

公契約条例は、平成21年、最初に千葉県野田市で制定されました。いわゆる賃金条項を入れた条例として、日本で最初の例です。一方、公共調達基本条例は、平成20年、山形県が制定しています。この条例は、賃金条項を含まないものになっています。

現在の条例制定自治体は、100自治体に満たない少数派です。しかし、条例を制定していない自治体においても、自治体契約制度の課題の解決に向けて「契約適正化の基本方針」などを定め、取り組んでいる自治体が多くなっています。

➜ 公契約（公共調達）条例を見てみよう

野田市の条例の理念（前文）を紹介します。

> 「地方公共団体の入札は、一般競争入札の拡大や総合評価方式の採用などの改革が進められてきたが、一方で低入札価格の問題によって下請の事業者や業務に従事する労働者にしわ寄せがされ、労働者の賃金の低下を招く状況になってきている。このような状況を改善し、公平かつ適正な入札を通じて豊かな地域社会の実現と労働者の適正な労働条件が確保されることは、ひとつの自治体で解決できるものではなく、国が公契約に関する法律の整備の重要性を認識し、速やかに必要な措置を講ずることが不可欠である。本市は、このような状況をただ見過ごすことなく先導的にこの問題に取り組んでいくことで、地方公共団体の締結する契約が豊かで安心して暮らすことのできる地域社会の実現に寄与することができるよう貢献したいと思う。この決意のもとに、公契約に係る業務の質の確保及び公契約の社会的な価値の向上を図るため、この条例を制定する。」

公契約条例の制定は、条例を制定することが目的ではありません。契約制度全体の適正化によって、労働者の待遇改善とともに地域経済の活性化を図ることが重要だということに注目しましょう。

POINT

公契約条例は契約制度全体の適正化を目指すもの

---

14 わかりやすい契約制度の情報発信が必要

➡ 自治体契約制度をわかりやすく説明できますか？

　自治体の契約制度は、自治体事務の中でも複雑な事務と言えるでしょう。

　自治体職員であれば、もしわからないことがあったら職場の先輩に質問したり、例規集を参考に調べたりすることができます。外部の契約事務研修に参加する機会もあるでしょう。

　一方、契約の相手方である事業者の社員は、自治体職員と違って、自治体の実務を学ぶ機会はありません。先輩の社員に聞く機会はあるものの、基本的には、自治体の作成した様々な例規や資料などを苦労して読み解いていくことになります。

　このように、自治体契約制度の情報は、事業者に不可欠な情報にもかかわらず、どの資料を見れば自治体の契約制度の全体像が理解できるのか、具体的な事務手続きはどうするのかが明確ではないのです。自治体の契約制度の情報が不足し、困っている事業者が存在しているのも無理はありません。

　自治体の契約制度に関するわかりやすい資料は、自治体職員及び事業者の担当者にとって不可欠なものです。双方の担当者が契約制度の理念や実務を理解していれば、不正事件やミスの発生も防止できます。自治体契約制度のより適正な運用につながるのです。

➡ 自治体職員は事業者に寄り添う姿勢を持とう！

　自治体職員は事業者に寄り添う姿勢を持つべきです。当然ですが、特定事業者を優遇するなど、不正な手段を用いるということではありません。健全な事業者が適正な条件のもとに平等に競争できるよう、次のような環境整備を行うことが求められます。

① **契約は自治体と事業者が対等な関係であること**

　自治体職員は、決して上から目線で事業者に対応するようなことがあってはなりません。この考え方を職場全体で共有することが必要です。

② **契約制度をホームページでわかりやすく解説すること**

　自治体契約制度の全体像がわかるようにホームページを工夫し、関係する法令等がわかるようにするとともに、使用する契約書の一覧なども掲載していると、事業者はすぐ確認することができ便利です。

③ **契約締結後など資料の提出は電子データで提出すること**

　提出資料は必要なものに限定し、提出は電子データによることを基本にすべきです。事業者の負担軽減につながります。

④ **受注機会の拡大を図る具体的措置を検討すること**

　特に地元事業者への受注機会の拡大は、地域経済活性化や中小企業支援に必要です。発注工事の年間予定を公表するとともに、今後の公共工事の予定など関連情報の提供を積極的に行うことが必要です。

⑤ **電子資格申請や電子入札・電子契約を推進すること**

　契約事務のデジタル化を進めることで、事業者だけでなく自治体にも、事務を効率的に行えるというメリットがあります。

　以上のように、事業者に寄り添う姿勢が契約制度の透明性と適正化につながる基本だと考えてください。

POINT　契約制度をホームページでわかりやすく解説しよう

トラブル事例

公共下水道工事、汚水量の積算ミスで影響は数億円

　担当職員による悪意のない事務的ミスが原因で、自治体の財政や市民生活に重大な影響が及んだ事例を紹介します。

　茨城県のある市は、令和4年9月、住宅団地の公共下水道で、汚水量の積算ミスが見つかった問題を受け、全職員の給与を一律減らして、下水道の改修費などに充てる方針を固めたと発表しました。総額は7,590万円にのぼり、4億の費用の2割弱を穴埋めする方針です。市職員組合と交渉を進めた結果、口頭による妥結に至ったと言います。市の職員数は約570人であり、1年半にわたり、市長など特別職は5％、一般職員は1〜2％の給与を削減すると報道されました。

　汚水の積算ミスはその約半年前、市の住宅団地で公共下水道のマンホール内の水位が上昇し、一時汚水が溢れる状態になったことから発覚しました。その2か月後には別の地域でも同様のミスがあったと市が公表しています。

　市によると、やり直し工事の費用が数億円規模に上ることから、その工事費全額に対して、新たに税金を投じるのは市民の理解が得られないと判断したとのことです。市職員組合とは2か月間に及ぶ交渉の末に条件の折り合いがつき、組合と確認書を取り交わし、関連条例を令和4年9月議会に提出しました。

　同種の事件は千葉県のある市でも発生しています。長年にわたる公営住宅の家賃の過少徴収及び国の交付金の内示取消で、総額7,500万円の損失が発生しました。この市では、損失額全額を職員の地域手当1％削減で穴埋めすることにしました。実際には、給与削減の議案が議会で否決されたので、削減は実施されませんでした。

　事務的ミスであっても、市民生活や職員全体に重大な影響がある事例です。このような事件を発生させないリスク管理が重要です。

第**8**章

知って役立つ！

自治体契約の
根拠法令等

1 契約制度の適正化について規定している入契法

　自治体契約は、民法の基本理念が適用され、自治法に基本原則が規定されています。しかし、この二つ以外に関係する法令等も多くあります。これらに規定されているルールを確認することも重要です。関係する法令等を順番に見ていきましょう。

➡ 入契法とは？

　公共工事の適正化を図るための法律が**公共工事の入札及び契約の適正化の促進に関する法律（入契法）**です。

> ■入契法
> （目的）
> 第1条　国、特殊法人等及び地方公共団体が行う公共工事の入札及び契約について、その適正化の基本となるべき事項を定めるとともに、<u>情報の公表、不正行為等に対する措置、適正な金額での契約の締結等のための措置及び施工体制の適正化の措置</u>を講じ、併せて<u>適正化指針の策定等の制度を整備すること</u>等により、<u>公共工事に対する国民の信頼の確保</u>とこれを<u>請け負う建設業の健全な発達</u>を図ることを目的とする。

　自治体職員のうち、公共工事の設計及び積算業務に関わる職員はもちろん、契約事務に携わる職員は、この法律を確認しておくことが大事です。公共工事契約の適正化の考え方は、物品や業務委託契約の手続きにも共通するからです。

➡ 入契法の規定による「適正化指針」のポイント

　一般的には法律は読みにくく、解釈が難解な条文もあります。また、施行令、施行規則と合わせて理解しないといけない事項もあります。そこで、入契法の条文を順番に確認するよりも、わかりやすい資料を確認すること

をお勧めします。その資料が**適正化指針**です。

入契法の規定によって、国は、この法律の運用に関する指針の作成が義務付けられています。この指針は「公共工事の入札及び契約の適正化を図るための措置に関する指針（適正化指針）」として閣議決定されています。

適正化指針は、「第1　適正化指針の基本的考え方」「第2　入札及び契約の適正化を図るための措置」「第3　適正化指針の具体化にあたっての留意事項」で構成されています。「第2　入札及び契約の適正化を図るための措置」には、次のような重要事項が記載されています。

1　主として入札及び契約の過程並びに契約の内容の透明性の確保に関する事項

2　主として入札に参加しようとし、又は契約の相手方になろうとする者の間の公正な競争の促進に関する事項

3　主として入札及び契約からの談合その他の不正行為の排除の徹底に関する事項

4　主としてその請負代金の額によっては公共工事の適正な施工が通常見込まれない契約の締結の防止に関する事項

5　主として契約された公共工事の適正な施工の確保に関する事項

6　その他入札及び契約の適正化に関し配慮すべき事項

この適正化指針の内容からも、契約事務の運用に必要な考え方が理解できると思います。

この考え方は、公共工事だけではなく自治体契約制度全体の適正化には欠かせない考え方です。最新の適正化指針は、令和4年5月20日に閣議決定されています。国土交通省のホームページにも公開されていますから、目次を付けるなど読みやすく加工して手元に置いておくとよいでしょう。

 POINT　契約制度全体の適正化を知るには「適正化指針」が役立つ

2 公共工事の受注に必要な 建設業の許可と経営事項審査

→ 建設業の許可とは？

　自治体の公共工事を受注する資格として、建設事業者には建設業の許可が必要です。建設業の許可は、建設業法に基づくものです。

　建設業法は、民間工事を含め、①適正な施工、②発注者の保護、③建設業の健全な発展を目的としています。

> ■建設業法
> （目的）
> 第1条　建設業を営む者の資質の向上、建設工事の請負契約の適正化等を図ることによって、建設工事の適正な施工を確保し、発注者を保護するとともに、建設業の健全な発達を促進し、もつて公共の福祉の増進に寄与することを目的とする。

　一口に建設業といっても、多くの種類があります。一般的には、建築工事、土木工事、解体工事はわかりやすい建設業の種類ですが、建設業法には、全部で次の29種類が規定されています。

> 土木一式工事、建築一式工事、大工工事、左官工事、とび・土工・コンクリート工事、石工事、屋根工事、電気工事、管工事、タイル・れんが・ブロック工事、鋼構造物工事、鉄筋工事、舗装工事、しゅんせつ工事、板金工事、ガラス工事、塗装工事、防水工事、内装仕上工事、機械器具設置工事、熱絶縁工事、電気通信工事、造園工事、さく井工事、建具工事、水道施設工事、消防施設工事、清掃施設工事、解体工事

　工事関係の業種は多岐にわたり、それぞれの専門業者が建設業の許可を得て施工を担っています。もちろん、複数の建設業の許可を得ている総合建設業もあれば、一つだけの建設業で専門業務を担っている事業者もあります。道路の新設工事であれば、土木一式工事、とび・土工・コンクリー

ト工事など建設業許可の種類が少ない事業者も受注できます。一方、庁舎建設や学校建設では、幅広い建設業許可が必要になってきます。

建設業許可には、**一般建設業許可**と**特定建設業許可**があります。この許可区分によって、特定建設業許可業者でないと下請けができない仕組みになっています。つまり、元請業者になって下請工事を発注するためには、特定建設業許可が必要になるわけです。

自治体としては、より大きな工事を発注する場合、特定建設業許可を持っている事業者であれば安心できます。下請工事も含めて、元請事業者が全責任を果たす仕組みになっているからです。

➔「経営事項審査」を受けなければならない

建設業の許可を得た事業者は、建設業法に定められた**経営事項審査**を受けなければなりません。これは法律上の義務です。自治体が発注する工事の参加資格にもなります。

経営事項審査の受審結果は、点数で表現されます。1,000点や1,800点といった表現になりますが、これを一般的に「経審の点数」と呼んでいます。

この点数は、企業の基礎体力を表すものと考えるとよいでしょう。いわゆるゼネコン（総合建設業）は、経審の点数は2,000点を超えるような企業で、幅広い建設業許可を持ち、特定建設業許可もありますから、専門工業者への下請けも可能です。

経営事項審査を受けるには、まず、事業者は、決算データを国が指定した決算分析機関に提出して決算分析を依頼します。この結果の書類とともに、国や都道府県に経営事項審査の申請を行います。国の定めた客観的な審査基準によって、「経営状況」「経営規模」「技術力」「社会性等」の区分ごとに点数が付けられます。経営事項審査の有効期間は1年7か月と定められていますから、この点も参加資格として、注意する必要があります。

POINT　公共工事を受注する事業者には様々な資格が求められる

3 支払遅延防止法の期限内に検査・支払が必要

➜ 支払遅延防止法とは？

　「政府契約の支払遅延防止等に関する法律」を省略して「支払遅延防止法」と呼んでいます。この法律の第14条には「地方公共団体のなす契約に準用する。」と規定されていますから、多くの条文が自治体契約にも適用されます。この法律のポイントは次の2つです。

① 　国や自治体など**行政の検査及び支払いの遅延防止**
② 　行政の**会計事務処理の能率化促進**

　特に、支払遅延の発生を防止し、会計経理事務の能率化を高めることは、自治体財務会計制度の運用に重要です。支払遅延が発生すれば、契約の相手方に迷惑をかけ、契約制度における信頼関係が崩れることにもつながるからです。

　実際に、自治体において支払いの遅延が発生した事件が報道されています。その原因は単なる事務的なミスや職員の職務怠慢であったりします。自治体の財務会計制度は公金を扱いますから、その実務では、正確、迅速、丁寧を基本とし、特に期限を守ることに留意しましょう。

➜ 支払遅延防止法には検査と支払期限に関わるルールがある

　支払遅延防止法には二つの期限の規定があります。その一つは、契約の履行が完了した場合、自治体が行う検査です。検査は「給付の完了の確認又は検査の時期」として規定され、「**給付を終了した旨の通知を受けた日から工事については14日、その他の給付については10日以内の日としなければならない。**」と規定されています。

　工事契約の場合、事業者から工事の完了届が提出された場合、自治体は14日以内に完了検査を実施する必要があります。もちろん早い時期に実施

すれば、その後の支払いの手続きもスムーズに進みます。物品の納入や業務委託契約については、納品や委託業務の完了から10日以内に検査を行う必要があります。一般的にこの事務は、「検収」と呼ばれています。

　二つ目の期限は、支払期限の規定です。検査や検収が完了すれば事業者から請求書が提出されます。この請求を受けた日から**工事代金については40日、その他の給付については30日以内に支払いを完了**する必要があります。この手続きは、最終的には会計管理者の審査を経て行われますから、事業者への支払いの期日管理は大事な実務になります（P.55：5章参照）。

　仮に検査や検収の期限から大幅に遅れた場合や支払いが遅れた場合は、自治体にその責任が生じます。支払遅延防止法では、定められた期限内に検査や支払いが行われなかった場合は、事業者に対して遅延した日数に応じて支払遅延利息を支払う必要があります。

　自治体が税金の納期限から遅れた場合に市民から延滞金を徴収するのと趣旨は同じです。支払遅延利息の利率は、財務省の告示によって示され、令和3年4月1日適用の利率は、年2.5％になっています。

➡ 事業者からの請求書等には必ず請求日を記入！

　自治体の事務上の都合から、事業者に提出書類の日付欄を空欄で提出させることがあります。もし、**竣工届、業務完了届、納品書、請求書の日付を空欄で提出するように求めていたら、これはやめるべきです。**これらの書類の日付は、支払遅延防止法の支払期限等の起算日になるからです。

　空欄で提出を受けてしまうと、職員が意図的に請求日を遅らせることもできてしまい、事業者にとって不利益になります。このような不適正事務が発生しないような仕組みづくりも、自治体の契約制度、財務会計制度の運用で重要になってきます。

POINT 検査と支払が遅れると自治体は利息を払う必要がある

4 官製談合防止法違反には刑法の罰則が適用

→ 官製談合防止法とは？

　官製談合防止法は、事業者だけでなく自治体職員にも適用されます。ポイントは次の通りです。

> ① 談合行為とは何か、その定義を明文化している。
> ② 談合行為の発生防止措置や、談合に関与した場合の職員への処罰を規定している。

　では、そもそも「談合」とは、どのような行為を指すのでしょうか。談合とは、公共事業などの受注調整を事業者間で実施し、あらかじめ落札者を決定しておくような行為を指します（P.26：2章2参照）。

　ここで、公正取引委員会が重要な役割を果たします。独占禁止法に定められた事業者の禁止行為があったかどうか、すなわち談合があったかどうかを公正取引委員会が認定します。

　さらに、この談合行為に対して職員が関与した場合は、発注機関の職員の関与行為を認定します。特定の事業者に有利な予定価格などの情報を提供するような行為です。

　認定後に公正取引委員会は、自治体などの関係機関に是正措置を求めます。一方、この種の事件が発生すると、官製談合防止法に規定されている罰則に基づき、捜査機関による捜査が実施され、法律に違反をしていることが判明した場合、関係者が逮捕されることになります。

　自治体契約を巡る違法行為によって逮捕されるケースには、官製談合防止法違反とされる場合に加え、まれに地方公務員法の守秘義務違反が適用されることもあります。

➔ 官製談合に適用される刑法の罪とは？

官製談合事件が発生すると、事業者に有利な情報等を漏えいした職員が官製談合防止法違反で逮捕されます。同時に落札した事業者も逮捕されます。

捜査が完了すると、その後、裁判が開かれ刑法上の罰則が適用されます。官製談合は、公契約関係競売等妨害の条文による「偽計入札妨害罪」が適用されます。また、職員に対して金品等の授受があった場合は、事業者には贈賄罪、職員には収賄罪や加重収賄罪が適用されます。

官製談合事件の判決では、ほとんどが懲役刑（1〜4年など）で執行猶予が付いています。特に悪質な場合は、まれに実刑判決もあることから、事件を起こした職員は、大きな社会的制裁を受けることになります。

➔ 官製談合事件の発生防止が重要！

自治体における不正事件は、大きくは官製談合、公金横領、交通違反、その他の犯罪に分類されます。このうち、特に影響が大きいのが官製談合事件です。

いったん、事件が発生すると、契約事務の執行に大きな影響が生じます。同時に、社会的な影響から、住民への謝罪と説明、記者会見などマスコミへの対応、国等への報告、当該自治体の議会への説明が必要になります。もちろん、捜査機関への協力は継続します。

さらに、自治体として、事件発生の原因調査を行うとともに、再発防止策を策定しなければなりません。そのために、第三者委員会を設置すれば、事務局としての業務も発生します。これらの事件対応は、端的に言えば、「すべて無駄な行政コスト」です。そして、事件後、住民との信頼関係を取り戻すことは簡単なことではありません。

あらためて、官製談合事件の発生防止を肝に銘ずる必要があります。

 POINT 官製談合事件に関わると刑法の罰則と社会的制裁を受ける

5 その他知っておくべき法令

➔ 契約に関わる法律の種類は？

　自治体契約に関係する法律は、民法を基本法とし、個別法としての自治法があります。事業者が公共工事の受注をするには建設業法による許可が関係します。公共工事の契約の留意点は、入契法に規定があります。契約代金の支払いには、支払遅延防止法が関係します。また、不正の防止には、官製談合防止法、独占禁止法、刑法が関係します。もちろん、自治体職員が守らなければならない地方公務員法もあり、職員の不正行為は懲戒処分の対象になります。

　では、これ以外に自治体契約に関係する法律には、どのようなものがあるのでしょうか。いくつかあげてみましょう。

① **公共工事の品質の確保に関する法律（品確法）**

　　公共工事の安全性や工期の設定などを定めた法律です。品確法、建設業法、入契法の三つの法律を「担い手三法」と呼んでいます。公共工事の受注事業者に深く関係する法律だからです。

② **官公需についての中小企業者の受注の確保に関する法律**

　　中小企業の支援や成長を後押しするための法律です。

③ **公共工事の前払金保証事業に関する法律**

　　自治体の工事契約の前払金を保証するために、この法律に基づいて、現在、保証事業会社が三社指定されています。

④ **暴力団員による不当な行為の防止等に関する法律**

　　公共契約だけでなく民間契約についても暴力団員が関係する契約すべてを社会から排除するための法律です。

　それ以外でも、自治体の契約で土地取引を実施すれば、宅地建物取引業

法や借地借家法が関係します。このように、関係する法律は広範囲にわたります。

➡ 契約に関わる法令等の一覧表を作ろう！

契約業務の担当になった職員が困るのが、このように広範囲にわたる法律をどう把握するかではないでしょうか。そこでとっておきの方法をご紹介します。

それは、前述したような自治体契約に関係する法律を、一覧にした図表の作成です。複数ページではなく、Ａ４サイズ一枚の裏表にまとめておけば、自治体契約を学ぶときの基本マニュアルになります。できれば、関係する法律とともに、各自治体の条例や規則も掲載するとよいでしょう。

さらに、自治体の実務は、契約事務規則、財務規則だけではなく、取扱要綱、実施基準、ガイドラインなどに基づきますから、これも一覧表に掲載し、それぞれの関係が理解できるような図表にしておくとよいでしょう。

図表8-1 契約関連法令等の一覧（イメージ）

一般法
民法
（明治29年法律第89号）

個別法
地方自治法
（昭和22年法律第67号）

地方自治法施行令

地方自治法施行規則

公共工事の入札及び契約の適正化の促進に関する法律（平成12年法律第127号）

公共工事の入札及び契約の適正化を図るための措置に関する指針（平成13年3月9日閣議決定・令和4年5月20日一部変更）

契約事務規則

財務
予算事務規則
支出負担行為事務規則
会計事務規則

議会の議決に付すべき契約及び財産の取得又は処分に関する条例

長期継続契約を締結することができる契約に関する条例

POINT
法令等の一覧を図表化すると契約制度がスッキリ頭に入る

6 契約に関する様々な条例

➡ 契約に関わる条例をおさえよう

契約に関わる自治体の条例には、どのようなものがあるのでしょうか。その前にまず、自治体の条例の基本を確認しましょう。

自治体は条例を制定することができます。これを自治体の「自治立法権」と言います。条例は自治体による立法ですから、議会の議決を得て有効となります。法律は全国の自治体で共通に適用されますが、自治体によっては、地域環境の差から課題についても地域特性があります。この問題を解決するために、自治体固有の条例を定め、個性あるまちづくりを実践しているわけです。

自治体の条例には大きく分けて二つの性格があります。一つは、法律に定められた条文の委任を受けて自治体が作成する条例です。もう一つは、自治体特有の個性のある条例です。

契約業務関係では、個性ある条例は制定しにくいと思われますが、契約制度の適正化を目的にした条例が制定されています。どのような条例があるのか、分類に沿って見てみましょう。

(1) **法律の委任を受けた条例**

① **議会の議決に付すべき契約及び財産の取得又は処分に関する条例**

この条例は自治令の規定を受けて、具体的な契約事務の運用に必要な基準を定めています。したがって、全国の各自治体に存在する条例となります。

② **長期継続契約を締結することができる契約に関する条例**

この条例も自治令の規定を受けて、長期継続契約のできる範囲を定めたものです。ごく例外的ですが、この条例のない自治体があります。

この自治体では、予算の債務負担行為を活用しており、長期継続契約を自治法の本則のみで運用しているため、長期継続契約の条例制定の必要がないからです。

③ **暴力団排除条例**

これは、国の暴対法の成立を受けて、自治体が独自の取組みとして制定した条例です。公共契約等から暴力団を排除するという強い意志が現れた条例ということができます。

(2) **自治体固有の条例**

① **公契約条例**

千葉県野田市が初めて制定した条例で、地元業者の育成や公共契約全体の適正化を目指したものです。下請けまで適正賃金が支給されているかを大事にした「賃金条項」の規定があることが特徴です。

② **公共調達基本条例**

山形県が初めて制定した条例で、公共契約全体の適正化を目指した条例です。

➜ 契約に関わる条例の一覧表を作ろう！

自治体の条例は、例規集に掲載されています。またホームページにも公開されています。

ただし例規集は条例・規則が分野別に分類されていますが、法令形式をとっているため、難解な表現もあり、一般の住民や事業者にはなじみにくいものとなっています。例規集全体のわかりやすさの工夫も必要でしょうが、契約制度に関しては、前ページの法令と同様に、関係する条例等を一覧できる図表などにまとめておくとよいでしょう。住民や事業者など、誰が見ても、契約制度全体の体系が理解しやすい状態が望ましいでしょう。

POINT

契約制度に関係する条例のポイントをおさえよう

7 契約事務規則等には 実務的なルールを規定

→ 契約事務規則等を確認しよう

　自治体契約に関わる当該自治体の運用ルールは、規則に定められています。**民法→自治法→自治令（自治規則）→契約関係規則**という関係が成り立っているわけです。

　自治体契約関係の運用ルールの中心になるのが、契約事務規則です。自治体によっては、財務規則の中に契約部分を規定しているケースもあります。財務規則は、予算、収入支出事務、決算、会計、支出負担行為手続、契約事務の柱から構成されています。契約制度が他の財務会計制度と密接な関係があることから、全体を一つの規則にまとめている自治体もあるのです。

　どちらの形式をとるにしても、契約制度が財務会計制度全体と密接な関係があることに違いはありません。規則の形式が異なるだけで、実質的な機能は同じだと考えてください。

　財務規則、契約事務規則以外に、契約関係の規則にはどのような種類があるのでしょうか。自治体によって名称や形式に多少の差はありますが、代表的な事例をあげてみましょう。

①　**公契約（公共調達）条例施行規則**
　公契約条例を運用するための規則です。
②　**制限付き一般競争入札実施に関する規則**
　制限付き一般競争入札を実施する基本ルールを定めています。
③　**競争入札業者選定委員会規則**
　自治体によって名称が異なりますが、指名競争入札を実施するため、指名業者を決定する委員会に関するルールを定めた規則です。類似し

たものに、競争入札等審査委員会規則などもあります。

④ **入札監視・苦情検討委員会規則**

　契約制度の運用の適正化をチェックし、事業者等からの苦情の申し立てを検討する委員会を設置している自治体の運用規則です。

⑤ **工事検査事務規則**

　工事検査を実施するための規則です。自治体によっては、「検査規程」としている場合もあります。

⑥ **契約事務等の委任に関する規則**

　契約に関わる長の権限を教育委員会などに委任する規則です。

⑦ **長期継続契約を締結することができる契約に関する条例施行規則**

　長期継続契約の条例の委任を受けた規則です。

→ 契約に関わる規則の一覧表を作ろう！

　自治体の規則は、条例と同様に例規集に掲載されています。規則は、自治体の条例を運用するための「施行規則」と自治令に規定された制度を実施するための規則があります。自治令の規定を受けた規則の事例は、前述の「制限付き一般競争入札実施に関する規則」があります。すべての自治体が制限付き一般競争入札を実施しなければならないわけではありません。また、制限付き一般競争入札を実施する場合でも、規則ではなく「実施要綱」としている自治体もあります。このように、規則の名称だけで、法令との関係性がわかるわけではないことに注意しましょう。

　したがって、**規則についても、法令や条例と同様に、関係する規則を一覧表や図表などにまとめておけば、契約制度全体の体系が理解しやすいと**考えられます。他自治体の例規集を検索し、比較してみるのも契約制度の運用実態を理解するのに良い方法でしょう。

POINT

契約制度に関係する規則のポイントをおさえよう

8 契約関係の要綱やガイドラインを知ることが大切

→ 契約に関わる要綱・ガイドラインの種類は？

　契約制度の詳細なルールは、規則、要綱、要項、要領、基準、指針、ガイドラインなどの形式がとられ、これが必ずしも全自治体で統一的に運用されていない点に注意が必要です。また、規則の数よりも要綱等の数が多くなっていますが、自治体によっては、例規集に要綱等を掲載していないこともあります。

　事業者側からすると、自治体ごとに契約のルールが異なっているので、不便さを感じているのも事実です。統一するのは困難と思われますが、少なくとも、当該自治体における契約制度のルールが体系的に整理され、わかりやすく公表される必要があります。

　要綱等の種類について、自治体によって差はありますが、よくある事例をあげてみましょう。

①　**入札者心得（書）**…入札参加者が守るべき事項をまとめたものです。

②　**指名競争入札指名基準**…指名競争入札を実施する場合、指名基準を制定します。公表は義務付けられています。

③　**工事参加希望型指名競争入札実施要領**…参加希望型指名競争入札を実施する場合のルールです。

④　**随意契約ガイドライン**…随意契約を運用するマニュアルです。

⑤　**最低制限価格取扱要綱**…最低制限価格制度の運用ルールです。

⑥　**低入札価格調査等実施要綱**…低入札価格調査の運用ルールです。

⑦　**入札等参加資格者指名停止措置基準**…事業者に不正等があった場合、入札参加資格を一定期間停止するルールです。

⑧　**予定価格公表基準**…予定価格を事前公表する場合のルールです。

⑨　**公共工事の前払金取扱要綱**…前払金制度の運用ルールです。

⑩ **公共工事中間前払金取扱要綱**…中間前払金制度の運用ルールです。

⑪ **小規模工事受注希望業者名簿制度実施要綱**…小規模工事を希望する中小企業の登録制度です。

⑫ **小規模工事設計施工実施要綱**…小規模工事の設計と施工を同時に実施するためのルールです。

⑬ **暴力団等排除措置要綱**…暴力団排除のためのルールです。

⑭ **複数年度契約実施要綱**…複数年度契約を実施するためのルールです。

⑮ **総合評価競争入札実施要綱**…総合評価方式を実施するためのルールです。

⑯ **プロポーザル方式実施要綱**…プロポーザル方式を実施するためのルールです。

⑰ **工事成績評定要領**…工事成績評定を運用するルールです。

⑱ **優秀工事事業者表彰実施要綱**…工事成績評定で高得点を取得した事業者を表彰するルールです。

→ 契約に関わる要綱・ガイドラインの一覧表を作ろう！

　自治体契約に関する法律、条例、規則と同様、要綱やガイドラインの全体像を把握することは重要です。契約事務は必ずルールに基づかなければなりません。担当者が勝手に運用できないわけです。どのような形式で定めるかには、自治体によって差がありますが、一つの要綱であっても、法令等と密接に関係していることがわかると思います。

　契約制度に携わる職員は、不正行為を行ってはなりません。大きな事務的のミスを発生させてもなりません。そのためのルールをしっかりと学習することが求められます。契約制度の全体像を把握するためにも、要綱等の一覧とともに、法令等との関係を表す図表を作成しておくと、契約制度のマニュアルにもなります。重要な取組みと言えるでしょう。

POINT 契約関係の要綱・ガイドラインの一覧を図表化しよう

トラブル事例
学校建設の工事契約議案が
議会で否決

　埼玉県のある市では、令和4年9月定例会において、小中一貫校の建設計画で3校中2校の契約議案が議会で否決されるという事態が発生しました。翌年7月頃に着工し、令和8年の新校開校を想定した市の計画は、大幅な見直しを迫られることになりました。開校の遅れは避けられそうにないとのことです。

　市教育委員会は、市内の人口急増地域周辺の学校再編を検討し、令和2年に3校の小中一貫校を開校する方針を決めました。そのうち2校の整備事業について入札を実施しましたが、民間の経営ノウハウや資金を活用する社会資本整備（PFI）方式を採用し、応札した2グループのうち同市内の設備工事会社グループが、6月に約142億円で落札しました。しかし、PFI選定審査会委員の人数や、価格と性能評価の配点割合が変更された点など、議会で、選定が不透明だと異論が出ました。本会議で採決の結果、反対多数で否決されました。

　落札した設備工事会社は後日会見を開き「ルールに準じて適正に行ってきたのに、落札した途端に手のひらを返したようにルールに異議を唱え否決された。誰にどんなメリットがあるのか。」と不信感をあらわにしました。

　PFIによる事業はPFI法の規定によって議会の議決が必要になっています。今回の事件は、学校再編と小中一貫校の建設計画については、議会の理解はなされていたと考えられます。否決の理由は、PFI選定審査会委員会の進め方とその審査基準に問題があったようです。自治令に基づく工事請負の契約議案も同様ですが、事業者の選定方法などについて、事前に議会の委員会等との調整が不十分だと、議決の最終場面で議会の議決が得られないことがあります。

おわりに

　「挑戦」という言葉が好きです。大事な局面で、この言葉を心の中でよく使ってきたように思います。人生は挑戦の連続であると実感します。40年という長い間、自治体業務に関わってきて、すべての挑戦が成功し順風満帆であったなどと言うつもりはありませんが、挑戦なくして成功なしです。

　本書のテーマである「自治体契約制度」の運用においても、試行錯誤の結果、比較的成功したのではないかという事例もあります。

　一つは、小学校跡地の売却（P.30：Column 2 参照）で、普通財産の売却による財源確保が主たる目的でした。売却と同時に、取得事業者の土地活用によって、国分寺市の地域課題が解決できないかを考えてきました。宅地開発事業者が戸建て住宅を建設するような宅地開発事業では、まちづくりがつまらないと考えたのです。また、自治体が財政支出で地域課題を解決するには、多額の財源が必要です。しかし、民間事業者のノウハウと資金力を活かすことで、一石二鳥の土地活用が可能になるのではないか。こんな発想が根底にありました。

　もうひとつの事例は、普通財産の貸付によって市町村たばこ税の増収を図った事例（P.54：Column 4 参照）です。旧保育園の耐震診断をした結果、耐震性に問題があることから、保育園は移転しました。もともとの保育園の上空には高圧線が通っていたので、保育園用地としては再活用できない事情もありました。

　このタイミングで、ある企業が移転先を探しているという情報が市民から提供されました。この情報の提供を受けた職員から、私に相談があり、その企業に旧保育園跡地の見学をしてもらったのです。その結果、賃貸借契約の締結とともに、市町村たばこ税の多額の歳入が確保できました。

　このときの対応には、同様の事例が関西のある自治体で実施されていた

という知識がベースにありました。この自治体は、補助金を交付して企業誘致を実施し、結果として市町村たばこ税の増収を図りました。国分寺市では、企業誘致の補助金の必要もなく、旧保育園の解体費用も節約できると踏んだのです。さらに、財政課の時代に公営ギャンブルの論文に挑戦したことがあり、パチンコ業界の仕組みにも一定の知識がありました。もちろん自治体職員として市町村たばこ税の仕組みも理解していました。

　以上の二つの挑戦に共通していることがあります。まずは、民間企業のノウハウと資金力を活用したことです。もう一つは、自治体契約制度をフル活用したことです。この自治体契約制度の活用がなければ、二つの挑戦は失敗に終わっていたかもしれません。

　私が国分寺市に採用された当時は、研修制度も不十分で、財務会計制度全体や契約制度を学ぶ機会はありませんでした。しかし、様々な実務を通じて契約制度を理解し、深めることによって、その知識が活用できるチャンスを生かせたのではないかと思っています。

　契約制度を含む財務会計の基礎知識は、自治体職員の基礎体力だと思います。自治体職員は、可能であれば若いときに基礎体力をつけることで、その後の活躍の道が広がると確信します。

　本書は、自治体の契約事務をわかりやすく解説した入門書です。これを契機として、自治体契約制度の運用実務の知識を広げ、一人ひとりの職員が活躍することにより自治体の未来も開けてくると思います。

　本書が皆様にとってお役に立てるよう切に願っております。

令和5年7月

樋 口 満 雄

巻末資料

自治体契約関係
用語集

自治体契約関係用語集

	用語	説明
（あ）	一括下請の禁止	事業者が請負った工事を一括して他人に請け負わせる行為であり、建設業法第22条で禁止されている。施工責任が曖昧になり、手抜工事や労働条件の悪化にもつながるなどの理由による。
	一般競争入札	公告により一定の資格を有する不特定多数の参加者を求め、入札により競争させ、最も有利な価格を提供したものを落札者として契約を締結する方法である。
	印紙税	印紙税は、印紙税法に基づき、課税物件に該当する一定の文書（課税文書）に対して課される国税である。自治体契約では請負契約が印紙税の対象となる。
	請負契約	民法第632条規定の請負は、当事者の一方がある仕事を完成することを約し、相手方がその仕事の結果に対してその報酬を支払うことを約することによって、その効力を生ずる契約である。
	請書	契約書を省略する場合に、契約の適正な履行を確保するために、事業者が作成する文書である。当事者双方が記名押印するのではなく、事業者だけが請書に記名押印して自治体に提出する。
（か）	官製談合	入札の際、入札業者同士で事前に落札業者を決め、入札内容を調整するのが談合である。この談合に自治体の職員等が情報提供を行い特定の事業者に落札させる行為が官製談合である。
	監理技術者	建設業法に基づき、公共工事の受注者が設置しなければならない技術者であり、工事現場における施工の技術上の監理を担当する。監理技術者として資格者証が必要である。
	共同企業体（JV）	複数の建設企業が一つの建設工事を受注・施工するために結成される事業組織体（joint venture）である。法人格を持たない。工事完了後には解散する。中小企業の受注機会が広がることになる。
	業務委託契約	歳出予算の節「委託料」で支出される契約である。多くの委託契約の場合、民法第632条の請負契約に該当することに注意が必要である。

	経営事項審査	建設業法に基づき、公共工事を受注する建設業者が必ず受けなければならない審査である。自治体の工事発注に参加できる資格条件となっており、審査の総合評定値によって事業者はランク付けされる。
	契約自由の原則	契約は、当事者の合意によって自由に決定することができるという原則である。①締結自由の原則、②相手方選択自由の原則、③契約内容自由の原則、④契約方式自由の原則がある。
	契約保証金	契約の履行に当たり、相手方の完全な契約の履行を確保するための制度である。保証金は、債務不履行の場合、自治体の被る損害に補てんされるものである。契約額の10%以上とされる。
	決裁	契約執行伺などの起案文書に対して許可もしくは不許可（却下）という意思決定を行う行為である。最終決裁責任者については、各自治体の事務決裁規程等に定めがある。
	公契約（公共調達）条例	契約の適正化（透明性・公正性・公平性確保・地域性配慮など）のため、自治体で制定された条例である。賃金条項を入れた条例としては、平成21年9月千葉県野田市で最初に制定された。
	工事請負費	歳出予算の節「工事請負費」で支出される契約である。自治体が発注する建設工事であり、道路、公園、公共施設など多岐にわたる。民法第632条規定の請負契約である。
	工事成績評定	自治体の発注した工事に関し、完了検査終了後に実施される工事の採点制度である。検査員、契約担当職員などの複数職員が100点満点で評価し、受注事業者に通知される。
（さ）	最低制限価格	競争入札により請負契約を締結する場合、あらかじめ最低制限価格を設けて、予定価格以下で最低制限価格以上の価格をもって申し込みをした事業者を落札者とすることができる制度である。
	財務会計制度	地方自治法第2編第9章の規定を指す。第208条〜243条の5において、会計年度、予算、収入、支出、決算、契約、財産、現金及び有価証券、住民監査請求などの一連の規定により構成される。

債務負担行為	翌年度以降にわたる自治体の債務を負担する行為（複数年度にわたる請負契約等）である。議会の議決が必要となる。類似した制度に継続費、繰越明許費がある。	
参加希望型指名競争入札	指名競争入札を公募型で実施するものである。入札参加者の意欲が入札に反映されることから、辞退がなくなること及び適正な競争と契約内容の履行の確保が図ることができる契約制度である。	
指名基準	指名競争入札を実施する場合の基準である。契約種類、金額区分ごとの指名基準とともに指名数が定められている。指名基準は入契法施行令第7条第1項第3号により公表が義務付けられている。	
指名業者選定委員会	指名競争入札を実施する場合、具体的な指名業者を決定する内部機関である。自治体によって名称は異なるが、指名基準によって公平で透明性のある指名を行う必要がある。	
指名競争入札	実績、技術力、信用その他について適切と認める複数の事業者を指名し、競争入札に参加させ、最も有利な価格・条件を提示した事業者を落札者として契約を締結する方法である。	
支出の原則	①債務金額が確定していること、②債務履行期日が到来していること、③債権者に支払うことが支出の原則である。これを確定払いと呼ぶ。当該年度の予算から支出する必要がある。	
支出負担行為	支出の原因となるべき契約その他の行為である。①工事、製造等の請負契約又は物品の購入契約等の契約行為、②補助金の交付決定行為、③給与その他の給付の決定行為などがある。	
竣工検査	工事の完了後、事業者から竣工届が提出された場合、検査員が工事内容について、設計内容等に適合しているかを確認するものである。物品の納入確認の場合は、検査又は検収と呼ぶ。	
信義誠実の原則	民法全体の指導理念である。契約や取引などにおいては、他人を裏切ることなく、誠実に権利を主張し、義務を果たすように行動しなくてはならないという理念である。	

	随意契約	自治令に基づき、競争入札の方法によらないで、見積合わせ等により、任意に特定の事業者を選んで契約を締結する方法である。特命随意契約の場合は、特に選定の理由が明確でなければならない。
	せり売り	1人の売手に対し2人以上の買手が相互に値段を競い合い、最も高値を付けた買手に売ることであり、自治令に基づき、自治体の契約では、動産の売払いの場合に認められている契約制度である。
	制限付き一般競争入札	自治令に基づき、一般競争入札に参加する事業者に必要な資格を定め、さらに、工事等の経験若しくは技術的適正の有無等に関する資格を有する事業者に当該入札を行わせる一般競争入札である。
	総合評価方式	入札価格の他に、価格以外の要素（技術力・履行方法・類似業務の実績・社会貢献度等）を評価の対象に加え、最も優れた事業者を落札者とする落札者決定方法である。
（た）	単価契約	同一品種及び規格の物品購入、同一仕様の製造、修理等が一定期間内に継続して行われる場合で、あらかじめ数量を確定できない場合の契約形態である。単価の契約であり発注ではない。
	懲戒処分	職員が不正行為をした場合に適用される懲罰である。地方公務員法に基づき、各自治体の懲戒処分基準による。処分には「減給」「戒告」「免職」「停職」がある。
	長期継続契約	自治法に基づく長期継続契約は、予算が確保されていなくても複数年度の契約ができる制度である。電気・ガスの契約などの他、自治体の条例による規定の範囲で契約できる。契約書には解除条項が必要である。
	低入札価格調査制度	調査基準価格未満の入札に対して、入札価格の内訳等について調査を実施し、契約の内容に適合した履行ができないなど不適当と認めるときは、当該事業者を落札者にしない制度である。
	適正化指針	入契法第17条第1項の規定に基づき、閣議決定された「公共工事の入札及び契約の適正化を図るための措置に関する指針」のことである。公共工事の契約にあたっての指針となっている。

	電子契約	書面契約は、双方が記名押印して成立するが、自治法の規定によって電子契約も可能となっている。電子契約書に電子署名をすることで契約が成立する。電子契約は印紙税の負担がない。
	特命随意契約	競争入札の方法によらないで、特許権を所有しているなど、特定の事業者でなければ履行できない業務である場合に行われる契約方法である。
（な）	入札	入札とは、自治体などの公的機関が民間業者に向けて業務を発注する調達制度のことである。入札には、参加資格が必要であり、「紙による入札」と「電子入札」の2種類がある。
	入札参加資格	自治体契約には、自治令の規定に基づく参加資格が定められている。暴力団関係者など欠格条項に該当する場合は、入札の参加資格がないとともにすべての契約ができない。
	入札保証金	入札参加者に対して入札参加時におおむね1割の保証金の納入を求める制度である。落札者が契約しない場合には、この保証金は自治体に帰属することになる。契約した場合は返却する。
（は）	複数年度契約	通常契約は予算に基づく単年度契約である。一方、事業が数か年の建設事業や毎年反復するごみ収集委託などは複数年度契約をする場合がある。債務負担行為、継続費の議会での議決が必要となる。
	プロポーザル方式	選定委員会を設置し、価格だけではなく、創造力、技術力、経験等についても評価し、総合的に優れた事業者を選定する方法であり、選定された事業者と随意契約を締結する。
	包括的管理委託	通常行っている施設の維持管理業務について、契約の相手方を一本化し、複数年度で契約する手法である。契約事務の負担軽減が目的であり、施設管理の経験がある事業者が選定されることが多い。
（ま）	前払金	工事請負契約等の場合、契約時におおむね4割の前金を支払う制度である。工事が完成する前に支払うため支出の特例制度と呼ばれる。事業者にとっては資金調達の手段となる。

	見積合わせ	少額随意契約を意味し、数社からの見積書等の提出を受け、最も有利な条件の事業者を落札者として契約を締結する方法である。市町村の場合、130万円以下の工事契約などが該当する。
（や）	予定価格	契約締結に関し、契約金額を決定する基準として契約担当者があらかじめ設定する価格である。予定価格を上回る落札はできない。予定価格には事前公表と事後公表がある。
（ら）	リース契約	通常はファイナンス・リースを指す。金融色が強く、中途解約が基本的に禁止されている。金額のほぼすべてをユーザーが支払うことが特徴である。民法規定の賃貸借契約ではないことに注意が必要である。
（英字）	CM方式	コンストラクション・マネジメント方式と呼ばれ、公共工事の発注方式などの助言を得る方式である。CMマネージャーと呼ばれる専門家が所属する設計会社等と委託契約を締結する。
	VE方式	バリュー・エンジニアリング方式と呼ばれ、公共工事に伴うコスト削減の手法である。VEリーダーと呼ばれる専門家が所属する設計会社等と委託契約を結びアドバイスを受ける方法である。

【著者紹介】

樋口満雄（ひぐち・みちお）

　一般社団法人日本経営協会専任コンサルタント
　（元）国分寺市副市長

1950年新潟県十日町市（旧中里村）生まれ。都市銀行勤務の後、東京都国分寺市役所に入庁。会計課・財政課・職員課・介護保険課・政策経営課・政策部長・副市長を経験する中で、業務の電算化、効率化など一貫した行政改革に取組む。介護保険制度の独特の取組みは全国から注目を浴びる。平成19年度から平成26年度までの間、臨時財政対策債の発行をゼロ（発行可能額82億円）に抑える。
現職時代から自治体の人材育成に関わり、退職後は一般社団法人日本経営協会専任コンサルタントとして活動している。
専門分野は、財務会計制度、自治体の契約事務、自治体の公有財産管理、公務員倫理とコンプライアンス、事業のスクラップと再構築、政策形成と政策法務など。

【著書】
『場面別でわかる！ミスと不正を防ぐ！自治体契約事務のチェックポイント』（学陽書房）2021年4月

【論文等】
「自治体の予算編成と施策の収支計算」『自治体の施策と費用』（鳴海正泰編著・学陽書房）1988年10月　部分執筆
「予算審議と決算認定」『21世紀の地方自治戦略・地方政治と議会』（西尾勝・岩崎忠夫編集・ぎょうせい）1993年4月　部分執筆
「公営ギャンブルの構造と自治体」『パブリック・マネー』（年報自治体学会第2号・自治体学会編・良書普及会）1990年3月　部分執筆
「介護保険の苦情相談」『実践Q&A介護保険の苦情対応』（東京法令出版）2000年10月部分執筆

ゼロからわかる！　自治体契約事務のきほん

初版発行	2023年8月4日
2刷発行	2024年4月15日

著　者	樋口　満雄
発行者	佐久間重嘉
発行所	学　陽　書　房

〒102-0072　東京都千代田区飯田橋1-9-3
営業● TEL 03-3261-1111　FAX 03-5211-3300
編集● TEL 03-3261-1112　FAX 03-5211-3301
http://www.gakuyo.co.jp/

装丁／LIKE A DESIGN（渡邉雄哉）　印刷所／精文堂印刷　製本所／東京美術紙工
★乱丁・落丁本は、送料小社負担にてお取り替えいたします。
©Michio Higuchi 2023 Printed in Japan
ISBN 978-4-313-16190-0 C2032

契約・入札実務の
疑問をスッキリ解消！

複雑なルールが存在する契約事務。異動等ではじめてかかわる人に向けて、重要な
ポイントをできるだけ具体的にかみくだいて解説。

図解よくわかる
自治体の契約事務のしくみ

樋口 満雄 ［著］

A5判並製

定価＝2750円（10％税込）

場面別でわかる！
ミスと不正を防ぐ！
自治体契約事務のチェックポイント

樋口 満雄 ［著］

A5判並製

定価＝2970円（10％税込）